もしもごはん 3

# 免疫力アップレシピ

災害時も、普段も、役立つ「お湯ポチャ」調理

今泉マユ子

# はじめに

２０１１年3月11日の東日本大震災がきっかけとなり、私が災害食の研究を始めてから10年が過ぎました。今日までずっとブレることなく、災害時に役立つ食事を考えています。

この間に、日本各地で地震が多発、台風や豪雨被害が相次ぎ、２０２０年から新型コロナ感染症の脅威に直面するという事態に見舞われています。

災害だけではなく、病気やケガ、テロなどによって家から出られない、そうした際にも家庭備蓄をしていれば、当面の買い物をしなくてすむことも、活動をし始めた当初からお伝えしてきました。

２０２０年は、備えがとても大切だということに、否が応でも多くの方が気づかされる年になったのではないでしょうか。マスクが、トイレットペーパーが、ティッシュペーパーが売り切れに……。マスクを求めて至るところで行列ができたことは記憶に残る出来事になりました。

そんな中でも、私は保存可能な食料や消耗品を、日頃から多めに備蓄していたので慌てずにすみました。実は、ギックリ腰になることが度々あり、買い物に行けないときのために、常に多めに備蓄していたのです。

ですからコロナ禍にあっても、全く焦ることなく、それが心の余裕につながり、子どもたちにも「大丈夫だよ」と言えました。つくづく備蓄のありがたさを痛感した次第です。

さらに、同年６月のこと、私のもとに保健所から連絡がありました。お仕事をご一緒した方がコロナ陽性となり、私が濃厚接触者かどうかの確認をされたのです。「コロナは人ごとではない」と思った瞬間でした。ヒアリングの結果、濃厚接触者ではないと判断されましたが、もしも濃厚接触者となれば、２週間の隔離が必要となり、外出ができません。

備えの重要性とともに、管理栄養士として、感染症に負けない自己免疫力を高めることを、より一層、お伝えしていかなければならないと痛感しています。

備えが大切とはいえ、食べ物は「あれば安心」というものではなく、「もしもの時」にその食べ物を上手に活用できなければ意味がありません。ついつい、〝備える〟ことに目が行きがちですが、〝上手に食べる〟ことが大事。その食材を食べている姿を想像できるものを選ぶとよいですね。

さらに、体験することがとても重要です。日頃からカセットコンロ、ボンベ、備蓄の水を使って料理をすると発見がたくさんあるはずです。それらの体験が「もしもの時」に役立ちます。

本書でご紹介する調理法は、「お湯ポチャレシピ®」です。パッククッキングやポリ袋調理とも呼ばれる湯煎《ゆせん》調理法。「お湯ポチャレシピ®」というネーミングは、私が自分で考えました。

温かい料理を食べれば、心も体も和みます。そして、さらに本書では、食べることで健康になってほしいという思いから、栄養価の高い食材を使ったレシピを考えました。

避難所生活を余儀なくされた場合の感染症予防のために、この新型コロナに打ち勝つために、少しでも自己免疫力を高めることが大切だと感じているからです。

ただし、いくら栄養価の高い食材を使った料理を食べたからといって、すぐに免疫力がアップするというものではありません。即効性はないといえるのですが、常日頃から体を気遣う意識を忘れてほしくないという気持ちをこめて「免疫力アップレシピ」として紹介をします。

免疫力を高めるためには、食事だけではなく、運動、睡眠、ストレスなどもかかわってきますが、私は管理栄養士の立場から、まずは食事に焦点を当ててほしいと思っています。

みなさまの毎日の食事づくりと健康維持に、お役に立てればこれほど嬉しいことはありません。

# 目次

## PART 1 肉



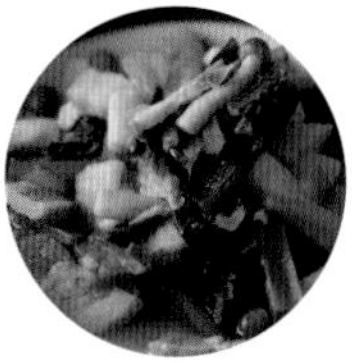

## PART 2 魚介



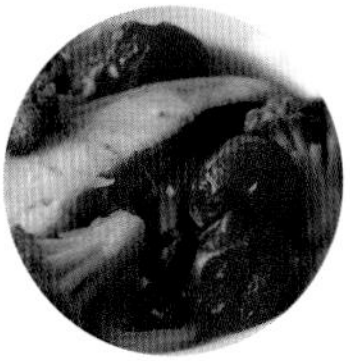

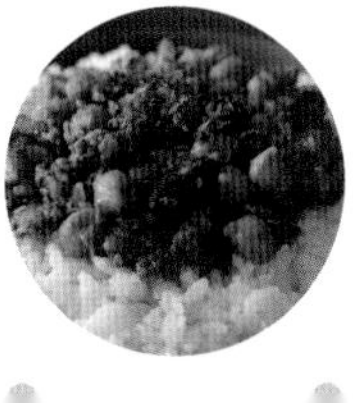

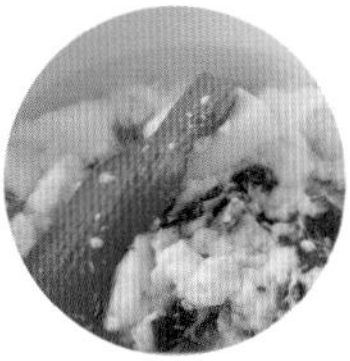



## PART 4 副菜&スープ・みそ汁



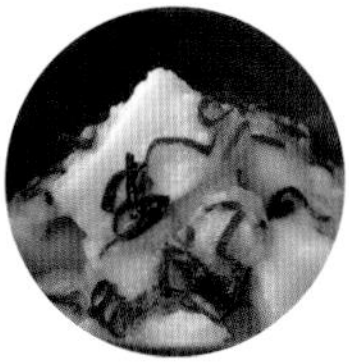

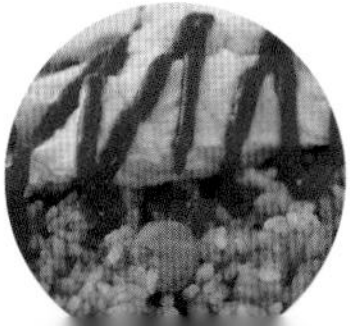

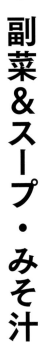

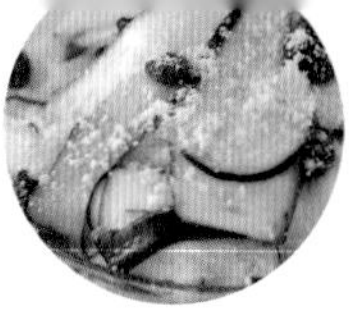



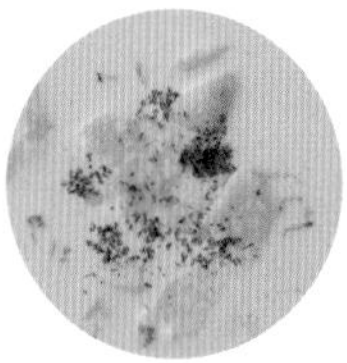

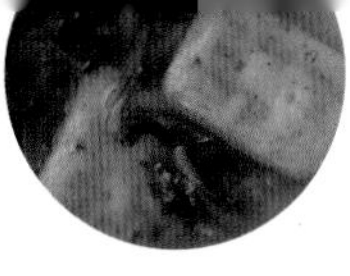



## PART 5 ころばぬ先の杖 防災



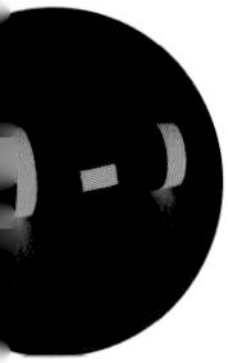

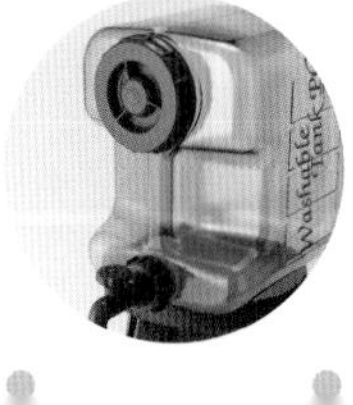

# 災害に負けない体づくり

## 免疫力アップは食事から

### 免疫力を高める必要性

新型コロナ感染症やインフルエンザだけではなく、風邪を引きやすい人がいる一方で、引きにくい人がいます。

その違いが「免疫力」の差です。免疫力とは、細菌やウイルスが体内に侵入したときに闘い退治する働きのこと。免疫は誰ももっているものですが、強弱の差があります。

この免疫力を高めるには、免疫細胞を合成したり、免疫細胞の働きを高めたりする栄養素が必要です。

また、免疫細胞がウイルスと闘う際に発生する活性酸素は、病気や老化のもととなるので、それを消す抗酸化物質を摂ることも大切になります。

## 肉、魚介、卵は良質のタンパク源

免疫力アップのために、まずは良質のタンパク質を摂りましょう。全身をおおう皮膚や粘膜は身を守るバリアで、タンパク質が不足すると、この皮膚や粘膜が弱くなり、免疫力がダウンしてしまいます。

　本書では、メイン食材に肉、魚介、卵を使いました。免疫細胞の原料となり活性化させるタンパク質を含むのが、これらの食材だからです。

●肉＝良質のタンパク質で、ミネラルもしっかり含まれ栄養的に優れています。

●魚介＝体内で合成できない「ＥＰＡ」や「ＤＨＡ」という不飽和脂肪酸が含まれています。この栄養素は、免疫細胞の炎症を抑える働きがあります。

●卵＝ビタミンＣと食物繊維を除く、全ての栄養成分が含まれていて、手軽なタンパク源として優れた食材です。

　これらのタンパク源の食材をメインとして、細胞を活性化させるために、ビタミンと、体の機能を維持したり調整するミネラルを、バランスよく摂ることが、免疫力アップには欠かせません。

## 野菜をたっぷり食べてほしい

免疫細胞が働きにくい環境というのは、体内に活性酸素が多い状態です。活性酸素に対抗するのが抗酸化物質で、ビタミンＡ、ビタミンＣ、ビタミンＥなどです。野菜にはこのような抗酸化ビタミンがたっぷり含まれています。

ほかにもカロテノイドやポリフェノールなどが抗酸化物質です。

本書では、手軽に手に入れやすい野菜を使い、野菜をたっぷり食べられるレシピにしました。

## 油を使わないヘルシー調理

「お湯ポチャレシピ®」は湯煎調理なので、焼く調理法とは違い、油が必要ありません。適度に油を摂ることは、エネルギー源になるので問題ありませんが、高温で熱すると酸化し、過酸化脂質がつくられるので、摂りすぎに注意をする必要があります。

本書のレシピでは、油は風味づけとしてごま油やオリーブオイルを使っているだけなのでヘルシーです。

## ３つのポイントとプラスα

本書をより活用していただけるように、次の３つをＰａｒｔ１からＰａｒｔ３の各レシピに記述しました。

### ①「免疫力アップＰＯＩＮＴ」を解説

食材に含まれる栄養素の何が免疫力を高めるのかを「免疫力アップＰＯＩＮＴ」として、レシピに記載しました。食べて元気になれるポイントを紹介します。

免疫力アップ
POINT

RECIPE

30

## ②「RECIPE 1」から「RECIPE 30」まで、通し番号を記載

Part1からPart3まで、「主菜・主食」を全30種類用意しました。

メイン料理となる「主菜・主食」を、今日は何にしようかしらと、悩まずに済むようにと考えたからです。

もちろん、通し番号にかかわらず、その日の気分で食べたいものを作ってください。

## ③代用食材を提案

メイン食材の肉、魚介の代用になる常温保存ができる食材を提案しています。買い物に行けない、野菜はあるけどどうしよう、という起こりがちな悩みを備蓄食材が解決してくれます。

代用食材例

「主菜・主食」のほかに、Part4では副菜&汁ものレシピを掲載しています。

メインが決まった、でも、あと一品ほしいというときのために、火を使わずに作れる副菜を6品、さらに、温かい汁ものレシピも7品用意しました。

毎日の食事を災害時でも変わらずにしてほしい。それを可能にするレシピですので、ぜひ作ってみてください。

# 「お湯ポチャレシピ®」をオススメする理由

## 災害時だけではなく、普段の食事にも活用してください。

### 「お湯ポチャ」で調理をするメリット

- 温かい料理が食べられる。
- 水も鍋も汚れないため、水が繰り返し使える。
- ひとつの鍋で、同時に何種類もの調理ができる。
- 個別調理が可能なため、アレルギー対応が必要な料理もひとつの鍋で同時にできる。
- ポリ袋を広げて器にかぶせれば、そのまま食べられるので、洗い物が出ない。

### 「お湯ポチャ」3つのルール

**1** 高密度ポリエチレン製(半透明)のポリ袋を使用する。
※ポリ袋は、材質により透明度、伸縮性、耐久性などが変わる。
高密度ポリエチレン製は半透明で、耐熱性がある。

---

**2** 鍋にポリ袋を入れる際に、鍋底の熱でポリ袋に穴があかないように皿を敷く。

---

**3** たくさん作るときは、1枚のポリ袋に具材をたくさん入れずに、ポリ袋の数を増やす。

「お湯ポチャレシピ®」を、「お湯ポチャ」と略します。
「お湯ポチャ」は災害時は、カセットコンロを
使いますが、ライフラインが止まっていないときは、
ガスコンロやIHコンロでも作れます。
普段から作ってみてください。

## 「お湯ポチャ」必需品

カセットコンロ／ガスボンベ／水／高密度ポリエチレン製ポリ袋／鍋／皿
**そのほかにあると便利なもの**：計量カップ／トング／キッチンバサミ

### カセットコンロ＆ガスボンベ

温かい食べものは、心がほっこりする、なくてはならないものです。カセットコンロとガスボンベは必ず用意しておいてください。
ガスボンベは1本＝約60分～90分使用できます。農林水産省が推奨しているのは、1人1週間分として6本程度の備蓄を、内閣府の推奨は4人家族1か月分として15～20本としています。

**注意ポイント**

ガスボンベは、使用期限に注意！ 製造時期が商品に記載されているので、7年以内に使いきる。毎月1回使う機会を作りましょう。カセットコンロは、2台並べて使ったり、コンロに対して大きすぎる調理器具を使うと、ボンベに引火する恐れがあるので、注意しましょう。

### 水

水は必ず備蓄しましょう！ 水には代えがありません。飲料水として、1人1日3ℓ×7日分＝21ℓが必要。※生活用水は別に用意してください。

**注意ポイント**

ペットボトルは2ℓと500mℓを組み合わせて備蓄しましょう。

# 皿

鍋に入れる皿は、紙皿をアルミホイルで完全に覆ったものや、水切りザルなどでも代用が可能です。

**注意ポイント**

鍋の底に入る大きさのものを用意してください。ポリ袋を直接入れると、熱で破れることがあるので要注意。

# 高密度ポリエチレン製のポリ袋

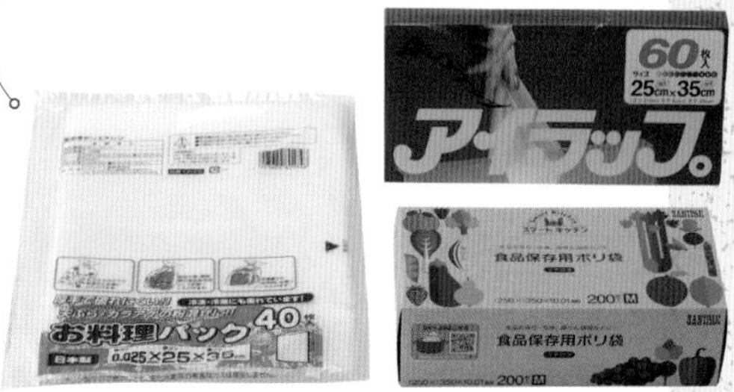


高密度ポリエチレン製のポリ袋は、スーパー、ホームセンター、ドラッグストア、コンビニ、100円ショップなどで購入できます。

製品表示を確認し、必ず、高密度ポリエチレン製であることを確認してください。

**注意ポイント**

ポリ袋にマチがあるものは、ごはんやオムレツなどができあがったときに、両端にたまって取り出しにくくなります。料理によって使い分けてください。

# 鍋

鍋が汚れないので、洗う手間がありません。後片付けがラク!

**注意ポイント**

蓋付きの深鍋を用意してください。ポリ袋が鍋からはみ出さないようにしましょう。

## 「お湯ポチャ」食材の切り方

食中毒予防対策のために、食材の中までしっかりと火を通すことが重要です。
そのため、薄切りにしたり、小さく切ってください。
また、断水時は、必ず使い捨てのビニール手袋をするようにしましょう!

### 豚肉

肉同士がくっつきやすいので、食べやすい大きさに切ってから、1枚ずつなるべくはがしておきましょう。

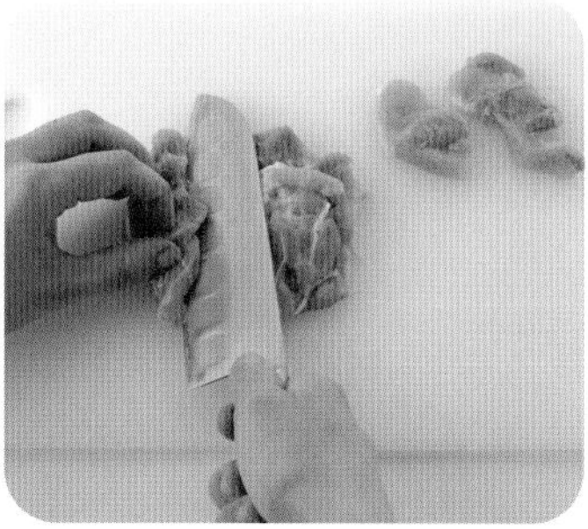

### 鶏肉

「そぎ切り」にする。縦にぶつ切りにするよりも、包丁を斜めに入れて薄めに切るそぎ切りにすると、表面積が大きくなるので、ムラなく火が通ります。

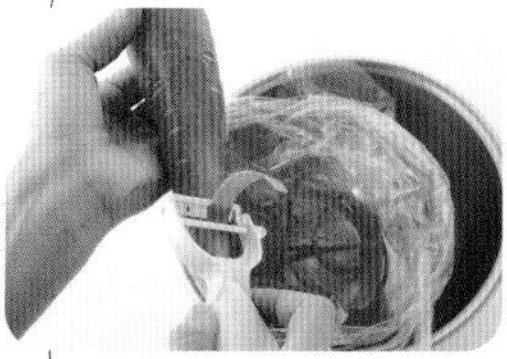

### ピーラーを使う

ピーラーを使えば、まな板が不要。薄くカットできるので、生で食べるサラダに最適です。

### 根菜類

れんこん、じゃがいも、大根、にんじんなどは、火が通りにくいので、薄切りにします。

### 野菜

白菜の芯はそぎ切り、なす、たまねぎは薄切り、ピーマンは食べやすい大きさに切りましょう。

## 「お湯ポチャ」の調理手順

高密度ポリエチレン製の
ポリ袋ひとつで調理ができる
簡単便利な「お湯ポチャ」。
その作り方を説明します。

28ページの「豚肉大根カレー煮」を作ります。

材料の量は28ページに記載。

❶ 材料を用意。

断水時は、使い捨てのビニール手袋を使用！

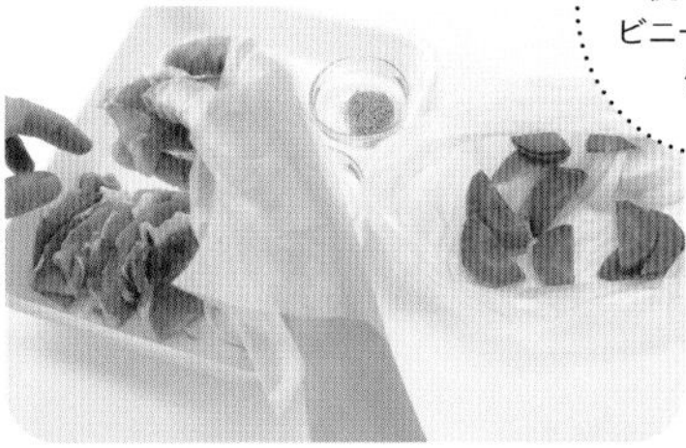

❷ 具材を高密度ポリエチレン製のポリ袋に入れる。

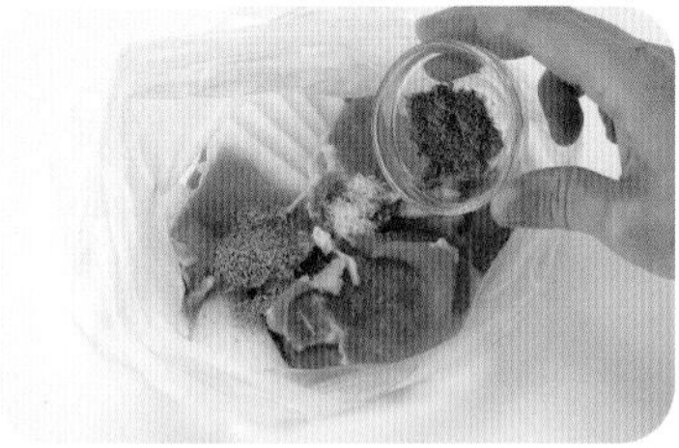

❸ 具材と調味料を入れる。

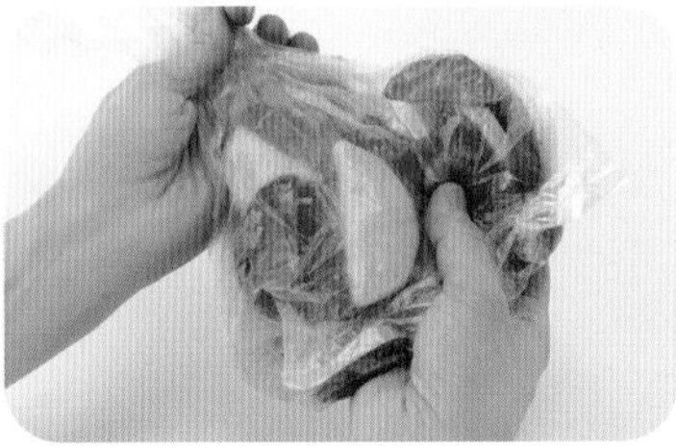

❹ 調味料が具材になじむように、ポリ袋の上からもんで混ぜ合わせる。

❺ ポリ袋の空気を抜き、なるべく空気が入らないように根元からねじり上げる。

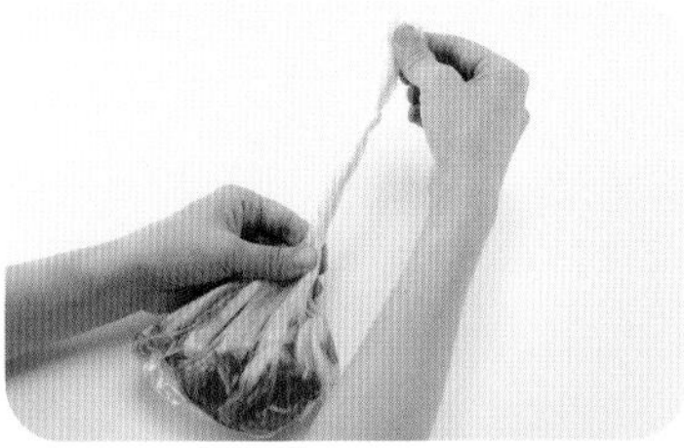

❻ ポリ袋の口を上のほうでしっかり結ぶ。

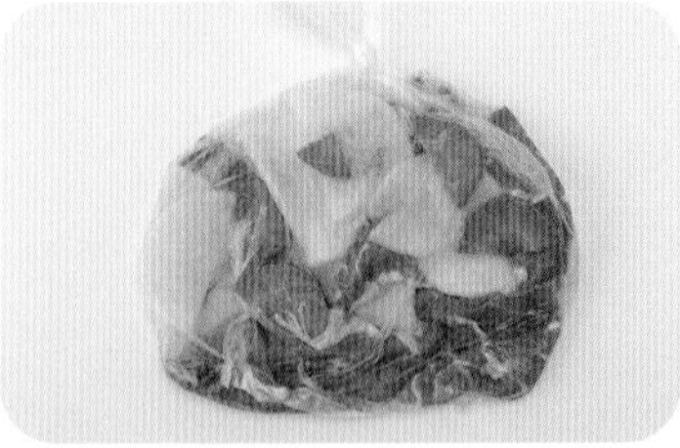

❼ 火を通りやすくするために、具材をポリ袋の中で広げる。

❽ 鍋の深さに対して1/2の量の水を入れ、中に皿を敷く。

❾ 具材の入ったポリ袋を鍋に入れる。

加熱時間は、28ページの作り方通りに。

❿ 鍋に蓋をしてから火をつける。
→強火で沸騰したら、ふきこぼれないように中火にして加熱する。

※沸騰してからポリ袋を入れても問題ありませんが、火傷に注意してください。

**注意ポイント**

加熱時間は、沸騰してからの時間です。

⓫ 加熱時間が終わったら、トングや菜箸などで、ポリ袋をボウルや器に移す。

**注意ポイント**

具材の切り方によって、火が通っていないことがあります。その場合は、数分間、再加熱してください。封を開けたあとは、新しいポリ袋に具材を移すか、加熱済みのポリ袋ごと、新しいポリ袋に入れて、口を結んで再加熱してください。

⓬ 結び目の下を、ハサミで切る。

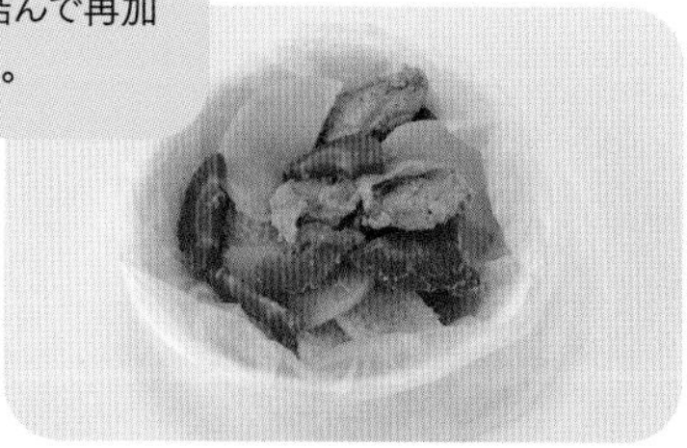

⓭ 災害時は、洗い物を出さないようにするために、ポリ袋ごと器にかぶせる。

**注意ポイント**

たくさん作るときは、ポリ袋1袋に材料を大量に入れず、袋の数を増やして「お湯ポチャ」してください。

## 主菜とごはんを一緒に作る手順

二品が、「お湯ポチャ」で同時に作れる便利さ。

40ページの「キーマカレー」を作ります。

### ごはんの作り方

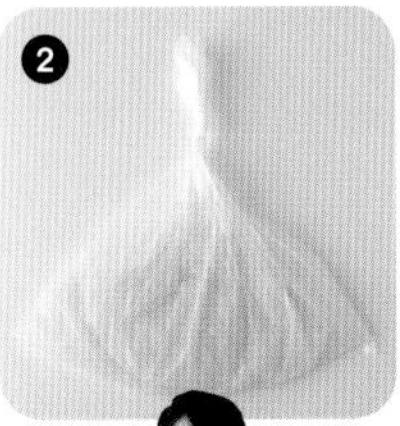

米(無洗米)……………1合(150g)

水……………………1カップ(200mℓ)

★40ページでは、1人分として、無洗米75g、水100mℓで作っています。

❶ 米と水を高密度ポリエチレン製のポリ袋に入れる。

❷ ポリ袋の空気を抜き、なるべく空気が入らないようにねじり上げ、ポリ袋の上のほうで結ぶ。

1人分や、1合分の
ごはんが、
手間いらずで
作れます！

### キーマカレーの作り方

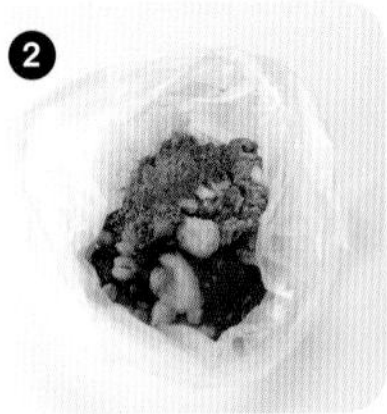

❶ 材料を用意。

★材料の量は40ページに記載。

❷ 材料を高密度ポリエチレン製のポリ袋に入れる。

❸ 調味料を具材になじませ、ポリ袋の空気を抜き、なるべく空気が入らないようにねじり上げ、ポリ袋の上のほうで結ぶ。

❹ 具材を広げておく。

**〈注意ポイント〉**結び目の上に具材がはみ出したときは、拭き取ってください。はみ出したまま「お湯ポチャ」をすると、水の再利用がしにくくなります。

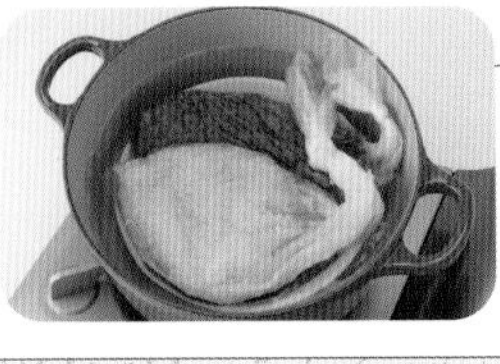

**ごはんとキーマカレーのポリ袋を
鍋に入れて、
「お湯ポチャ」をする。**

## 卵料理の作り方

オムレツ、ゆで卵、ポーチドエッグも「お湯ポチャ」で作れます。

### オムレツの作り方

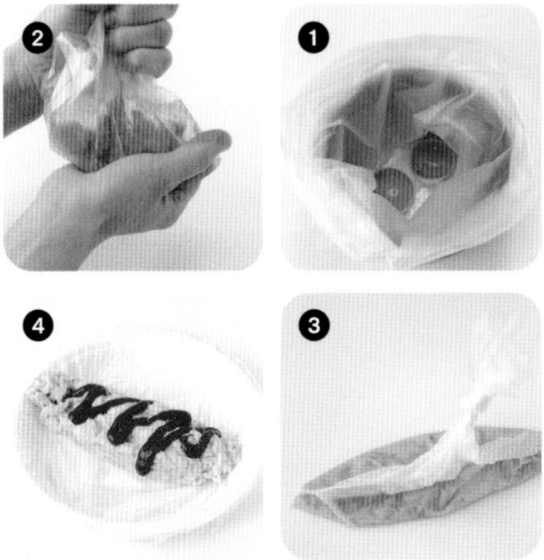


❶ 卵を割り入れる。
❷ 袋の上から卵をもみほぐす。
❸ ポリ袋を木の葉型に成形し、「お湯ポチャ」をする。
❹ 器に盛る。

フライパンなしのオムレツ作りにぜひ挑戦してみてください。

### ポーチドエッグ&ゆで卵の作り方

ポーチドエッグは、卵を割り入れるときに黄身が崩れないようにし、ゆで卵は殻つきのまま高密度ポリエチレン製のポリ袋に入れる。
「お湯ポチャ」時間は、ポーチドエッグは5分、ゆで卵の半熟は7分、固ゆでは15分。冷ましてから殻をむく。

### 備蓄に便利な常温保存食材

比較的、長期保存ができる缶詰、レトルト食品、乾物などの備蓄をオススメします。本書では、肉や魚介類などの生ものの代わりに、缶詰、レトルト食品、乾物などを使って、おいしく作れる代用レシピも数多く紹介します。

# レシピページの見方

材料、作り方のほかに、食材がもつ免疫力がアップする栄養素の説明、
メイン食材の代用となる備蓄食材を紹介します。

| | | |
|---|---|---|
| A | 免疫力アップ POINT | 免疫力が上がる栄養素の解説をします。 |
| B | 代用可能な食材 | 備蓄食材に代えることができる食材名に、マーキングをしています。 |
| C | 代用食材を使ったレシピ | 代用食材名と、材料、作り方を記載します。 |
| D | 代用食材写真 | 掲載している食材は、メーカーによって味つけなどに違いがあります。お好みの物を使ってください。 |
| E | 食材 memo | 代用食材の味や栄養素の説明をしています。 |
| F | メイン食材 | タンパク源となる食材名と、主菜か主食かを記載します。 |
| G | メイン食材の種類 | イラストでわかりやすく紹介します。 |
| H | レシピ番号 | 1か月分のメイン料理に悩まなくてすむように、30レシピを紹介します。順番にこだわらず、お好みのものを作ってください。代用食材を使ったアレンジ数は、18レシピあります。 |

＊本書の計量単位は、大さじ1は15mℓ、小さじ1は5mℓ、1カップは200mℓです。

PART 1 MEAT

メイン食材

# 肉

## お湯ポチャレシピ®

Beef　Pork　Chicken　Bacon　Minced meat

牛肉

Beef

RECIPE

# 1

白菜と長ネギに
しっかり味が
染み込んで美味

**材料（1人分）**

牛肉薄切り（半分に切る）…………… 80g
白菜(厚さが均一になるようにそぎ切り)
…………………………………… 1枚（100g）
長ネギ(斜め薄切り) ……… 1/4本（25g）
顆粒だし ………………………… 小さじ1/2
砂糖、しょうゆ …………………… 各小さじ2

**作り方**

❶ 高密度ポリエチレン製のポリ袋に材料を全て入れて混ぜ（牛肉は1枚ずつ離す）、ポリ袋の空気を抜き、なるべく空気が入らないようにねじり上げ、ポリ袋の上のほうで結ぶ。具材はポリ袋の中で広げておく。

❷ 1/2の水を入れてお皿を敷いた鍋に①を入れ、蓋をして火をつける。沸騰したら中火にし、約15分間加熱し、火を止めて蓋をしたまま5分間蒸らす。

**牛肉** → 代用:**牛肉大和煮缶** →

**甘辛く味つけされているので、「だし」いらず**

牛肉大和煮（缶汁ごと使用）……………………1缶
砂糖、しょうゆ ……………………………… 各小さじ1

**★顆粒だし不使用、その他の材料・作り方は「すき焼き風」と同じ。**

食材memo

免疫力アップ効果があるタンパク質、ビタミン$B_6$、亜鉛が豊富。

# すき焼き風

元気の源、肉。良質なタンパク質が免疫細胞を活性化します。白菜、長ネギのビタミンCでウイルスへの抵抗力を高めましょう。

RECIPE
2

# 豚肉大根カレー煮

**材料(1人分)**

豚肩ロース薄切り(半分に切る)…80g
大根(薄く半月切り)………3cm(100g)
にんじん(薄く半月切り)……2cm(30g)
顆粒だし、カレー粉………各小さじ1/2
塩…………………………………小さじ1/4

**作り方**

❶ 高密度ポリエチレン製のポリ袋に材料を全て入れて混ぜ(豚肉は1枚ずつ離す)、ポリ袋の空気を抜き、なるべく空気が入らないようにねじり上げ、ポリ袋の上のほうで結ぶ。具材はポリ袋の中で広げておく。

❷ 1/2の水を入れてお皿を敷いた鍋に①を入れ、蓋をして火をつける。沸騰したら中火にし、約15分間加熱し、火を止めて蓋をしたまま5分間蒸らす。

**豚肉** → 代用:**コンビーフスマートカップ** →

**コンビーフにカレーのスパイシーさが絶妙にからむ**

コンビーフスマートカップ……………………1個
カレー粉…………………………………小さじ1/2

★顆粒だし、塩は不使用。その他の材料・作り方は「豚肉大根カレー煮」と同じ。

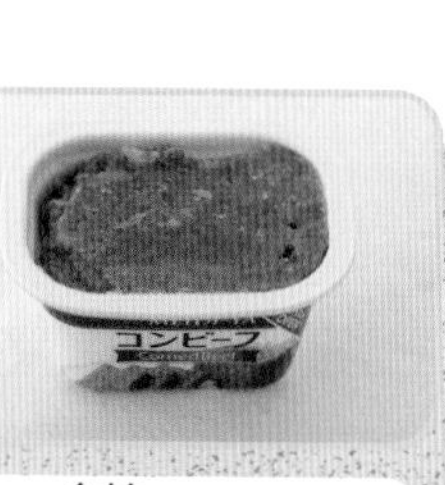


食材memo

コンビーフは、塩漬けした牛肉のことで、タンパク質、ビタミン$B_2$、鉄分が豊富に含まれています。

# 野菜のシャキシャキ感を味わって。カレー味で食欲アップ

免疫力アップ POINT

豚肉に含まれる豊富なビタミンB群は、免疫細胞の合成を助けます。にんじんのβ-カロテンで白血球の働きを増進。大根の辛み成分イソチオシアネートには、抗酸化作用があります。

RECIPE
3

# 豚肉れんこん生姜煮

**材料（1人分）**

豚肩ロース薄切り（半分に切る）… 80g
れんこん（薄く半月切り）………… 100g
ししとう（へたをとる）………… 4本（20g）
しょうが（千切り、またはおろししょうが）
……………………………… 1片分（10g）
顆粒だし ……………………… 小さじ1/2
砂糖、しょうゆ ………………… 各小さじ2

**作り方**

❶ 高密度ポリエチレン製のポリ袋に材料を全て入れて混ぜ（豚肉は1枚ずつ離す）、ポリ袋の空気を抜き、なるべく空気が入らないようにねじり上げ、ポリ袋の上のほうで結ぶ。具材はポリ袋の中で広げておく。

❷ 1/2の水を入れてお皿を敷いた鍋に①を入れ、蓋をして火をつける。沸騰したら中火にし、約15分間加熱し、火を止めて蓋をしたまま5分間蒸らす。

**豚肉** → 代用：**焼き鳥缶** →

**香ばしい焼き鳥のたれで、ほどよいこってり味に**

焼き鳥缶（缶汁ごと使用）………………… 1缶
砂糖、しょうゆ ………………………… 各小さじ1

**★顆粒だし不使用、その他の材料・作り方は「豚肉れんこん生姜煮」と同じ。**

食材memo

焼き鳥缶は、しっかり味つけされているので、最小限の調味料で、味がピタリと決まります。

しょうがの風味がアクセント。
れんこんのシャキシャキ食感に
箸が止まらない

免疫力アップ

POINT

れんこんには、免疫力を高めてくれるLPS(リポポリサッカライド)という成分が豊富に含まれています。また、ビタミンCが白血球の働きを強化。さらにウイルスや花粉が粘膜から侵入するのを防ぐムチンも含んでいます。

RECIPE
4

# 鶏肉の酢豚風

**材料(1人分)**

A
- 鶏もも肉(一口大に薄くそぎ切り)……1/2枚(100g)
- 焼肉のたれ、片栗粉……各大さじ1/2

B
- たまねぎ(薄切り)……1/4個(50g)
- オクラ(ガクを切りおとす)……3本(30g)
- にんじん(薄く短冊切り)……2㎝(30g)
- 焼肉のたれ、ケチャップ…各大さじ1

**作り方**

❶ 高密度ポリエチレン製のポリ袋にAを入れてもみ込み、その中にBを入れて混ぜ、ポリ袋の空気を抜き、なるべく空気が入らないようにねじり上げ、ポリ袋の上のほうで結ぶ。具材はポリ袋の中で広げておく。

❷ 1/2の水を入れてお皿を敷いた鍋に①を入れ、蓋をして火をつける。沸騰したら中火にし、約15分間加熱し、火を止めて蓋をしたまま5分間蒸らす。

**鶏肉** → 代用:**ひとくち高野豆腐** →

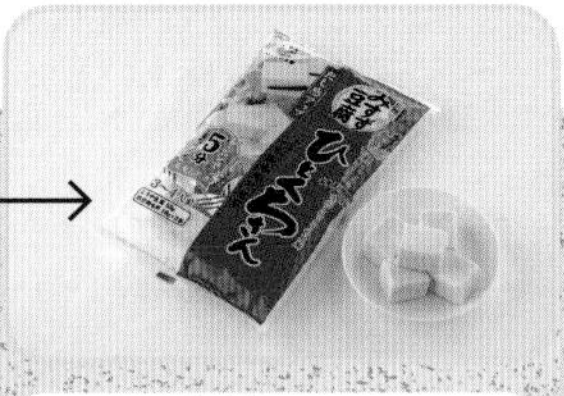

**ふっくらと味がしみた高野豆腐で、カロリーダウン**

A
- ひとくち高野豆腐……5個(15g)
- 水……30㎖
- 焼肉のたれ、片栗粉……各大さじ1/2

★その他の材料・作り方は「鶏肉の酢豚風」と同じ。

食材memo

高野豆腐は、カルシウムや鉄分が豊富で、低カロリー・低糖質。お肉の代わりに使えるヘルシー食材です。

野菜をたっぷり摂って。
やわらか鶏肉に
甘酢あんがからむ

免疫力アップ
POINT

たまねぎに多く含まれる硫化アリルは、一部が体内でアリシンという成分に変化し、免疫力を高める効果があります。

RECIPE
5

# チーズタッカルビ

## 材料（1人分）

**A**
- 鶏もも肉（一口大にそぎ切り）……………………1/2枚（100g）
- 砂糖、しょうゆ……………各小さじ2
- コチュジャン……………………小さじ1
- おろしにんにく……………小さじ1/2

**B**
- キャベツ（ざく切り、芯はそぎ切り）……………………2枚（100g）
- ピーマン（ヘタと種をとって乱切り）……………………1個（30g）
- シュレッドチーズ……………………20g

## 作り方

❶ 高密度ポリエチレン製のポリ袋にAを入れてもみ込み、その中にBを入れて混ぜ、ポリ袋の空気を抜き、なるべく空気が入らないようにねじり上げ、ポリ袋の上のほうで結ぶ。具材はポリ袋の中で広げておく。

❷ 1/2の水を入れてお皿を敷いた鍋に①を入れ、蓋をして火をつける。沸騰したら中火にし、約15分間加熱し、火を止めて蓋をしたまま5分間蒸らす。

**鶏肉** → 代用:**焼き鳥缶** →

**甘味と辛味が絶妙に交じり合う一品に**

**A**
- 焼き鳥缶（缶汁ごと使用）……………………1缶
- 砂糖、しょうゆ、コチュジャン……………各小さじ1
- おろしにんにく……………………小さじ1/2

**★その他の材料・作り方は「チーズタッカルビ」と同じ。**

食材memo

焼き鳥には、貧血の予防や改善に役立つ鉄が含まれています。

免疫力アップ POINT →

コチュジャンは米類に唐辛子、大豆麹や塩を入れて1年ほど発酵させて作る味噌。腸内フローラを改善してお腹の調子を良くすることが期待でき、疲労回復にも役立ちます。

にんにくとチーズが
ほどよいコクのポイント。
食欲増進おかず

RECIPE
6

# ベーコンと小松菜のコンソメ煮

**材料(1人分)**

ベーコン (短冊切り) ………………… 30g
小松菜(3㎝長さに切る) ……………………
………………………………1/2袋(100g)
カットしめじ …………………… 1/2袋(40g)
顆粒コンソメ …………………… 小さじ1/2
塩 ……………………………… ひとつまみ

**作り方**

❶ 高密度ポリエチレン製のポリ袋に材料を全て入れて混ぜ、ポリ袋の空気を抜き、なるべく空気が入らないようにねじり上げ、ポリ袋の上のほうで結ぶ。具材はポリ袋の中で広げておく。

❷ 1/2の水を入れてお皿を敷いた鍋に①を入れ、蓋をして火をつける。沸騰したら中火にし、約15分間加熱し、火を止めて蓋をしたまま5分間蒸らす。

**ベーコン** → 代用:**お麸** ⟶

**うま味を吸ったふわふわ食感のお麸が美味**

小町麸…………………………………… 5g(8個)
水 ……………………………………………… 40㎖
顆粒コンソメ ……………………………… 小さじ1/2
塩 ………………………………………………… 少々

**★高密度ポリエチレン製のポリ袋に水、顆粒コンソメ、塩を入れて混ぜ、その中に小町麸を入れ水分を吸わせる。そこへ小松菜としめじを入れる。その他の作り方は「ベーコンと小松菜のコンソメ煮」と同じ。**

食材memo

お麸は、植物性タンパク質やミネラルが豊富に含まれ、バランスのとれた栄養たっぷりの食材です。

## 小松菜から染み出る水分に
## 調味料がからむ、
## やさしい味に体が喜ぶ

**免疫力アップ POINT**

小松菜はビタミン類、ミネラルが豊富で、特にカルシウムは野菜の中ではダントツに豊富です。カルシウムの吸収を促すビタミンDが豊富なしめじと一緒に食べるのがオススメです。

鶏肉
Chicken

RECIPE
7

# 塩鶏じゃが

**材料（1人分）**

A
- 鶏もも肉（一口大に薄くそぎ切り）……1/2枚（100g）
- 顆粒コンソメ……小さじ1/2
- 塩……小さじ1/4

B
- じゃがいも（薄く半月切り）……1個（100g）
- 冷凍ブロッコリー……3個

**作り方**

❶ 高密度ポリエチレン製のポリ袋にAを入れてもみ込み、その中にBを入れて混ぜ、ポリ袋の空気を抜き、なるべく空気が入らないようにねじり上げ、ポリ袋の上のほうで結ぶ。具材はポリ袋の中で広げておく。

❷ 1/2の水を入れてお皿を敷いた鍋に①を入れ、蓋をして火をつける。沸騰したら中火にし、約15分間加熱し、火を止めて蓋をしたまま5分間蒸らす。

**鶏肉** → 代用:**焼き鳥缶塩味**

**温かくした焼き鳥は、香ばしさがアップ**

A
- 焼き鳥缶塩味（缶汁ごと使用）……1缶
- 塩……ひとつまみ

★顆粒コンソメは不使用。その他の材料・作り方は「塩鶏じゃが」と同じ。

食材memo

素材のうま味をいかした、あっさり塩味は、ほかの食材と組み合わせやすいのでオススメです。

## 免疫力アップ POINT

冷凍ブロッコリーの栄養価は生とほぼ変わりません。動物性タンパク質が豊富な鶏肉と一緒に食べると、ブロッコリーに多く含まれている植物性タンパク質の吸収力が上がります。

ほくほくじゃがいもと
しっとり鶏肉が
相性抜群のおいしさ

合いびき肉
Minceed meat

RECIPE
# 8

ミックスビーンズに入っている豆の種類はメーカーによって違いますが、カリウム、ビタミン$B_1$、ポリフェノールなどを含む栄養価の高い食材です。

**材料**
**（1人分・2品）**

・ごはん

A
- 米（無洗米）…………… 1/2合（75g）
- 水 ………………… 1/2カップ（100㎖）

・カレー

B
- 合いびき肉 ………………………… 50g
- たまねぎ（みじん切り）……………………………………………1/4個（50g）
- ミックスビーンズドライパック………………………………………1/2缶（約50g）
- 顆粒コンソメ、おろしにんにく、おろししょうが ………… 各小さじ1/2
- カレー粉、ケチャップ ……… 各小さじ2
- 塩 …………………………………… 少々
- 水 ………………… 1/4カップ（50㎖）

パセリ（お好みで）………………………… 適宜

**作り方**

❶ 高密度ポリエチレン製のポリ袋を2枚用意し、AとBの材料をそれぞれに入れて混ぜ、ポリ袋の空気を抜き、空気が入らないようにねじり上げ、ポリ袋の上のほうで結ぶ。具材はポリ袋の中で広げておく。

❷ 1/2の水を入れてお皿を敷いた鍋にAとBの袋を入れ、蓋をして火をつける。沸騰したら中火にし、約20分間加熱し、火を止めて蓋をしたまま10分間蒸らす。ごはんを作らずに、カレーのみの場合は、約15分間加熱し、5分間蒸らす。

# キーマカレー

カレーのほどよい辛さに、
豆の甘味がからむ。
大人も子どもも大好きな味

**カレー**　代用:**レトルトミートソース**

**ミートソースのコクが加わり、**
**うま味がさらにアップ**

ミートソース……………………………………100g
ミックスビーンズドライパック………………1/2缶
カレー粉…………………………………………小さじ2

**★上記の材料のみを、「お湯ポチャ」で**
**5分間加熱して出来上がり。**

食材memo

ミートソースは、カレーのほかにもタコライスやグラタンなどにアレンジできる便利食品です。

鶏肉
Chicken

RECIPE 9

# 参鶏湯《サムゲタン》

**材料（1人分）**

A
- 鶏手羽元 …………………… 2本（60g）
- 塩 ………………………………… 小さじ1/5

B
- 米（無洗米）………………………… 20g
- おろししょうが ……………… 小さじ1
- おろしにんにく、鶏ガラスープの素 ………………………………各小さじ1/2
- 水 ……………… 1/2カップ（100mℓ）

- ごま油 …………………………………… 少々
- 青ネギ（カット済み、もしくは小口切り）…………………………………………適量

**作り方**

❶ 高密度ポリエチレン製のポリ袋にAを入れてもみ込み、その中にBを入れて混ぜ、ポリ袋の空気を抜き、なるべく空気が入らないようにねじり上げ、ポリ袋の上のほうで結ぶ。具材はポリ袋の中で広げておく。

❷ 1/2の水を入れてお皿を敷いた鍋に①を入れ、蓋をして火をつける。沸騰したら中火にし、約20分間加熱し、火を止めて蓋をしたまま10分間蒸らす。ごま油をかけてカット青ネギをちらす。

**鶏手羽元** → 代用:**鶏ささみ缶** →

**鶏のささみを適度な大きさにほぐしているので、食べやすい**

A 鶏ささみ缶 ……………………………………1缶

★塩は不使用。その他の材料・作り方は「参鶏湯」と同じ。

食材memo

鶏肉の中でも、さらに脂肪の少ない鶏ささみ。さっぱりしていて体にやさしいヘルシー食材。

# 手羽元で、栄養たっぷり。韓国料理が簡単手軽に作れる

免疫力アップ

**POINT**

にんにくには殺菌、解毒、血行促進作用があり、免疫細胞も活性化させます。手羽元で女性にうれしいコラーゲンを摂取。食欲がないときのエネルギーチャージにも効果を発揮。

鶏肉

Chicken

RECIPE

10

# 海南鶏飯《ハイナンチーファン》

**材料(1人分・2品)**

**・ごはん**

A
- 米(無洗米) ………… 1/2合(75g)
- 水 ……………… 1/2カップ(100mℓ)

**・蒸し鶏**

B
- 鶏もも肉 (フォークで数か所に穴をあける) ………… 1/2枚(100g)
- 酒 ……………………………… 小さじ2
- 砂糖 …………………………… 小さじ1

**・タレ**

C
- 長ネギ(みじん切り) ‥ 1/4本(25g)
- しょうゆ、砂糖、酢 ……… 各小さじ2
- ごま油、おろしにんにく ‥ 各小さじ1/2

パクチー (お好みで)………………… 適宜

**作り方**

❶ 高密度ポリエチレン製のポリ袋を2枚用意し、1枚にAを入れる。もう1枚にBを入れてポリ袋の上からもんで調味料をなじませる。それぞれのポリ袋の空気を抜き、なるべく空気が入らないようにねじり上げ、ポリ袋の上のほうで結ぶ。具材はポリ袋の中で広げておく。

❷ 1/2の水を入れてお皿を敷いた鍋にAとBの袋を入れ、蓋をして火をつける。沸騰したら中火にし、約20分間加熱し、火を止めて蓋をしたまま10分間蒸らす。

❸ ②のBから出た煮汁はAのごはんに入れて混ぜ、蒸し鶏は薄めに切る。

❹ ごはんと薄く切った蒸し鶏を皿に盛り付け、混ぜ合わせたCをかける。

※ごはんを作らずに、蒸し鶏のみを作る場合は、約15分間加熱し、5分間蒸らす。

**蒸し鶏** → 代用: **サラダチキン** →

**あっさりタレが、**
**鶏肉のうま味を引き立たせる**

B サラダチキン………………………………1/2個

★ごはんのみ「お湯ポチャ」で作り、ごはん、薄く切ったサラダチキンをお皿に盛り、タレをかける。

食材memo

鶏むね肉などを蒸したものがサラダチキン。各メーカーによって食感や塩味に違いがあります。

免疫力アップ POINT

長ネギの白い部分の中心や、青い葉の内側にある粘液は、免疫を活性化します。さらに青い葉に含まれるβ-カロテンにも免疫を高める働きがあります。

ふっくらジューシーな鶏肉が
やみつきに。
エスニック味を楽しんで

RECIPE
11

# 塩ネギ豚そば

**材料（1人分・2品）**

**・そば**

冷凍そば ………………………… 1人分
ゆで水 …………… 1/2カップ（100mℓ）

豚肩ロース薄切り（半分に切る）… 50g
長ネギ(斜め千切り) ……… 1/4本（25g）

**・つゆ**

水 ……………………… 1カップ(200mℓ)
鶏ガラスープの素、ごま油 ……各小さじ1
塩 ……………………………… 小さじ1/3

ラー油、または七味唐辛子（お好みで）
……………………………………… 適宜

**作り方**

❶ 高密度ポリエチレン製のポリ袋に豚肉（1枚ずつ離す）、長ネギ、つゆなどの材料を全て入れ、ポリ袋の空気を抜き、なるべく空気が入らないようにねじり上げ、ポリ袋の上のほうで結ぶ。それを1/2の水を入れてお皿を敷いた鍋に入れて、蓋をして火をつける。沸騰したら中火にして5分間加熱する(そのまま鍋に入れておく)。

❷ 5分経ったら、別の高密度ポリエチレン製のポリ袋にそばとゆで水を入れ、空気を抜き、なるべく空気が入らないようにねじり上げ、ポリ袋の上のほうで結ぶ。

❸ ①の鍋に②を入れ蓋をして、そばの袋の表示時間を目安に加熱する。

❹ そばはポリ袋ごとボウルなどに入れ、結び目の下をハサミで切る。そばをトングでとりだし、器に盛りつけ、出来上がったつゆをかけ、お好みでラー油、または七味唐辛子をかける。

豚肉 → 代用:**松山あげ** →

**そばつゆがたっぷりしみ込んだ**
**松山あげが癖になる**

松山あげ(ちぎって入れる) ………………… 1枚（14g）

**★その他の材料・作り方は「塩ネギ豚そば」と同じ。**

食材memo

松山あげは、油抜きもいらず、常温保存で90日間保存できます。

# 豚肉でボリュームアップ。
# とろり長ネギとの
# 相性抜群のおいしさ

## 免疫力アップ

**POINT**

そばにはルチンという抗酸化作用をもつポリフェノールの一種が含まれ、心臓疾患、動脈硬化、高血圧、生活習慣病などの予防に役立ち、免疫力を高めます。

COLUMN

# タンパク質が豊富に含まれる食材

免疫力アップのために欠かせないタンパク質。
本書で使用している肉、魚介、卵の
タンパク質の含有量とエネルギー量を紹介します。

100g当たりのタンパク質量(g)とエネルギー量(kcal)

| | | タンパク質 | エネルギー |
|---|---|---|---|
| 肉 | 牛もも肉(赤肉) | 21.3g | 193kcal |
| | 豚肩ロース肉(赤肉) | 19.7g | 157kcal |
| | 鶏もも肉(皮なし) | 22.0g | 138kcal |
| | 鶏手羽元 | 18.2g | 197kcal |
| | ベーコン | 12.9g | 405kcal |
| 魚介 | タラ | 17.4g | 83kcal |
| | 鮭 | 22.3g | 133kcal |
| | ブリ | 21.4g | 257kcal |
| | メカジキ | 19.2g | 153kcal |
| | アサリ | 6.0g | 30kcal |
| 卵 | 全卵 | 12.3g | 151kcal |

出典:『7訂 食品成分表 2020』 女子栄養大学出版部

PART 2 | SEAFOOD

メイン食材

# 魚介

## お湯ポチャレシピ®

Cod　Salmon　Yellowtail　Canned tuna　Swordfish　Seafood mix　Clams

タラ

Cod

RECIPE

# 12

淡白な味わいのタラに
調味料がなじんで、
あと引くおいしさ

ブロッコリーに含まれるビタミンEは、活性酸素を抑える抗酸化作用があります。さらにビタミンCが豊富なブロッコリー、トマト、たまねぎを食べることで、ストレスへの抵抗力を高めることができます。

**材料(1人分)**

(白身魚)タラ切り身 ……………… 1切れ

A
- 冷凍ブロッコリー ………………… 3個
- プチトマト(ヘタをとる) ………… 3個
- ブラックオリーブ(スライス) …………
  ………レトルトパウチ1/2袋(12.5g)
- たまねぎ(薄くスライス) ………………
  ……………………………1/6個(30g)
- 刻みにんにく、オリーブ油 …………
  …………………………… 各小さじ1/2
- 塩、こしょう …………………… 各少々
- トマトジュース …………………… 30mℓ

**作り方**

❶ 高密度ポリエチレン製のポリ袋にAを入れて混ぜ、その中にタラを入れる。ポリ袋の空気を抜き、なるべく空気が入らないようにねじり上げ、ポリ袋の上のほうで結ぶ。具材はポリ袋の中で広げておく。

❷ 1/2の水を入れてお皿を敷いた鍋に①を入れ、蓋をして火をつける。沸騰したら中火にし、約15分間加熱し、火を止めて蓋をしたまま5分間蒸らす。

# 白身魚のアクアパッツァ

**タラ** → 代用:**アサリ缶** →

**アサリ缶で面倒な砂抜き不要。**
**貝のほのかな苦みが大人味**

アサリ缶(缶汁ごと使用)……………………1缶(約125g)

**★その他の材料・作り方は**
**「白身魚のアクアパッツァ」と同じ。**

食材memo

鉄分、亜鉛、タウリン、ビタミン$B_2$が豊富なアサリがたっぷり詰まった缶詰。缶汁も活用しましょう。

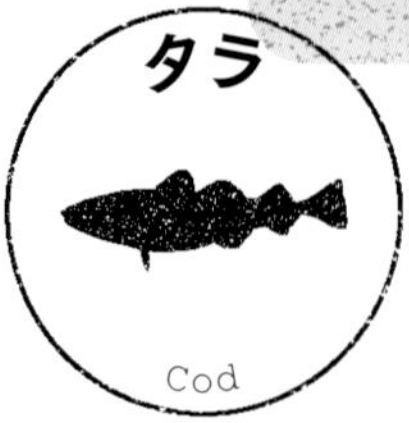


RECIPE

13

# 白身魚のタラモサラダ

**材料(2人分)**

(白身魚)タラ切り身 (一口大に切る) ……………………………………………… 1切れ

A
- じゃがいも(薄めの半月切り) ……………………………………………1個(100g)
- にんじん(薄く半月切り) ………………………………………………… 3㎝(50g)
- たらこソース(レトルトパウチ) ……………………………………………1人分

※たらこソースに別添えの刻みのりが付いていれば、出来上がりにお好みでかける。

**作り方**

❶ 高密度ポリエチレン製のポリ袋にAを入れて混ぜ、その中にタラを入れる。ポリ袋の空気を抜き、なるべく空気が入らないようにねじり上げ、ポリ袋の上のほうで結ぶ。具材はポリ袋の中で広げておく。

❷ 1/2の水を入れてお皿を敷いた鍋に①を入れ、蓋をして火をつける。沸騰したら中火にし、約15分間加熱し、火を止めて蓋をしたまま5分間蒸らす。

**タラ** → 代用:**ツナ缶** →

**使い勝手のいいツナは、タラモサラダとも好相性**

ツナ缶(缶汁ごと使用) ……………………………………… 1缶

**★その他の材料・作り方は「白身魚のタラモサラダ」と同じ。**

食材memo

ツナ缶の原料となる魚は、ビンナガマグロ、キハダマグロ、カツオの3種類。中でもDHAやEPAの含有率が一番高いのがビンナガマグロです。

## いつものタラモサラダに
## タラを加えて、
## メイン料理に格上げ

**免疫力アップ POINT**

にんじんに多く含まれるβ-カロテンは、体内でビタミンAに変換され、皮膚や粘膜の健康を保つ働きがあります。病原体をブロックする機能を高めるので、免疫力の維持に欠かせません。

RECIPE 14

# サーモンラタトゥイユ

**材料（1人分）**

サーモン切り身（一口大に切る）……………………………………… 1切れ

A
- ピーマン（ヘタと種をとって1cm角切り）……………… 1個（30g）
- なす（薄く半月切り）…… 1本（100g）
- 刻みにんにく ……………………… 小さじ1
- コンソメ（顆粒）…………… 小さじ1/2
- 塩 ……………………………… 小さじ1/4
- こしょう ……………………………… 少々

トマト（ざく切り）…………………………… 100g

**作り方**

❶ 高密度ポリエチレン製のポリ袋にAを入れて混ぜ、その中にサーモンとトマトを入れる。ポリ袋の空気を抜き、なるべく空気が入らないようにねじり上げ、ポリ袋の上のほうで結ぶ。具材はポリ袋の中で広げておく。

❷ 1/2の水を入れてお皿を敷いた鍋に①を入れ、蓋をして火をつける。沸騰したら中火にし、約15分間加熱し、火を止めて蓋をしたまま5分間蒸らす。

**サーモン** → 代用:**サバ缶** →

**ほどよく脂がのったサバに、お箸がどんどん進む**

サバ水煮缶（缶汁ごと使用）…………………………1缶

★塩は不使用。その他の材料・作り方は「サーモンラタトゥイユ」と同じ。

食材memo

サバ缶は、コレステロールの増加を防ぎ、動脈硬化の防止に役立ちます。また、リーズナブルでおいしいなどの理由から、安定した人気を誇っています。

彩り鮮やかな野菜と、
ふっくらサーモンに箸が進む。
やみつきの一品

免疫力アップ

POINT

サーモンに含まれるアスタキサンチンには強力な抗酸化力があり、日々蓄積する老化物質や疲労感などを取り除く働きがあります。体内ではアスタキサンチンを作ることができないので、サーモンを食べて免疫力アップを目指しましょう。

RECIPE 15

# 生鮭ときのこの味噌チーズ

**材料（1人分）**

生鮭切り身 …………………………… 1切れ

A
- キャベツ（ざく切り、芯はそぎ切り）…………………………………… 3枚（100g）
- しいたけ（石づきをとって薄切り）…………………………………… 2枚（40g）
- 味噌 …………………………… 小さじ2
- 砂糖 …………………………… 小さじ1
- シュレッドチーズ ………………… 20g

**作り方**

❶ 高密度ポリエチレン製のポリ袋にAを入れて混ぜ、その中に生鮭を入れる。ポリ袋の空気を抜き、なるべく空気が入らないようにねじり上げ、ポリ袋の上のほうで結ぶ。具材はポリ袋の中で広げておく。

❷ 1/2の水を入れてお皿を敷いた鍋に①を入れ、蓋をして火をつける。沸騰したら中火にし、約15分間加熱し、火を止めて蓋をしたまま5分間蒸らす。

**生鮭** → 代用:**サバ味噌煮缶** →

**味噌煮缶を使えば、味つけも不要。**
**失敗なしの便利食材**

サバ味噌煮缶（缶汁ごと使用）………………………… 1缶

★味噌、砂糖は不使用。その他の材料・作り方は「生鮭ときのこの味噌チーズ」と同じ。

食材memo

サバ缶に含まれるDHAやEPAは水煮缶と味噌煮缶で違いはありませんが、味噌煮缶は味つけによって、糖質が多くなります。

お味噌とチーズのダブル使いで
ほんのりこってり味に。
ごはんにもお酒にも合う

免疫力アップ POINT

鮭の皮には良質なコラーゲンが含まれています。皮のすぐ下の脂質にはDHAやEPAが多く含まれているので、皮も食べるようにしましょう。しいたけには免疫力を高め、風邪や感染症の予防に働く食物繊維のβ-グルカンが豊富に含まれています。

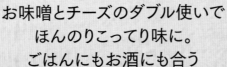

RECIPE 16

# ブリと大根の生姜煮

**材料(1人分)**

ブリ切り身 …………………………… 1切れ

A
- 大根(薄く半月切り) ‥ 3㎝(100g)
- しょうが(千切り) …… 1片分(10g)
- 顆粒だし ………………… 小さじ1/2
- 砂糖、しょうゆ …………… 各小さじ2

**作り方**

❶ 高密度ポリエチレン製のポリ袋にAを入れて混ぜ、その中にブリを入れる。ポリ袋の空気を抜き、なるべく空気が入らないようにねじり上げ、ポリ袋の上のほうで結ぶ。具材はポリ袋の中で広げておく。

❷ 1/2の水を入れてお皿を敷いた鍋に①を入れ、蓋をして火をつける。沸騰したら中火にし、約15分間加熱し、火を止めて蓋をしたまま5分間蒸らす。

**ブリ** → 代用:**イカ味付き缶** →

**イカの下処理不要。**
**やわらか「イカ大根」も定番にしてほしい**

イカ味付き缶(汁ごと使用) ……………………… 1缶

**★イカはポリ袋の上から、手で簡単に割けます。**
**味つけにはしょうがのみを使用し、顆粒だし、砂糖、しょうゆは不使用。その他の材料・作り方は「ブリと大根の生姜煮」と同じ。**

食材memo

イカには、タンパク質や疲労回復効果のあるタウリンが含まれています。缶詰のイカはやわらかくて食べやすいのでオススメです。

免疫力アップ POINT

ブリはビタミンDが豊富で、カルシウムやリンの吸収を助けて骨を造り、骨粗鬆症の予防になります。また、大根の辛み成分であるイソチオシアネートは抗菌作用があり、免疫力アップのための強い味方となります。

和食の定番も手間いらず。
味が染みた
シャキシャキ大根が絶品

RECIPE 17

# イタリアンツナ切り干し大根煮

**材料（1～2人分）**

ツナ（油漬け、食塩入り） …………… 1缶
切り干し大根 ………………………… 30g
ホールコーンドライパック（レトルトパウチ） ………………………………… 1袋（55g）
トマトジュース（低塩） ……………………………………………… 1/2カップ（100mℓ）
オリーブ油、おろしにんにく ……各小さじ1

**作り方**

❶ 高密度ポリエチレン製のポリ袋にツナを缶汁ごと、その他の材料を全て入れて混ぜ、ポリ袋の空気を抜き、なるべく空気が入らないようにねじり上げ、ポリ袋の上のほうで結ぶ。具材はポリ袋の中で広げておく。

❷ 1/2の水を入れてお皿を敷いた鍋に①を入れ、蓋をして火をつける。沸騰したら中火にし、約5分間加熱し、火を止めて蓋をしたまま5分間蒸らす。

## 和風食材の切り干し大根が
## イタリアンに変身。
## 違和感なしのおいしさ!

**免疫力アップ**

**POINT** →

切り干し大根は干すことでうま味や栄養が凝縮され、カルシウム、鉄分、食物繊維などの含有量も増えます。食物繊維で腸内環境を整えることによって免疫力がアップします。カルシウムを効率よく利用するためには、ビタミンDが豊富なツナと一緒に食べましょう。

RECIPE 18

# メカジキと春菊のにんにくバターしょうゆ

**材料（1人分）**

メカジキ切り身 ……………………… 1切れ

A
- 春菊（2㎝長さに切る）‥1束（100g）
- にんにく（薄切り） ………………… 1片
- しょうゆ ……………………… 小さじ2
- バター ……………………………… 5g

糸唐辛子（お好みで） ……………… 適宜

**作り方**

❶ 高密度ポリエチレン製のポリ袋にAを入れて混ぜ、その中にメカジキを入れる。ポリ袋の空気を抜き、なるべく空気が入らないようにねじり上げ、ポリ袋の上のほうで結ぶ。具材はポリ袋の中で広げておく。

❷ 1/2の水を入れてお皿を敷いた鍋に①を入れ、蓋をして火をつける。沸騰したら中火にし、約15分間加熱し、火を止めて蓋をしたまま5分間蒸らす。

**メカジキ** → 代用:**イワシ蒲焼缶**

**こってり香ばしいイワシ。**
**ごはんのおかわり必至**

イワシ蒲焼缶（缶汁ごと使用） ………………… 1缶

★しょうゆは不使用。その他の材料・作り方は「メカジキと春菊のにんにくバターしょうゆ」と同じ。

食材memo

イワシにはDHA、EPAに加え、カルシウム、ビタミンDも多く含まれているので、細胞の再生やエネルギーの代謝を促してくれます。

バターしょうゆの香ばしさと、
にんにくのパンチが
絶妙なバランス

## 免疫力アップ POINT

メカジキは低カロリー、高タンパクでEPA、DHAを多く含み、動脈硬化・高血圧の予防、血栓防止、脳機能の維持改善に効果があります。春菊は免疫力をアップさせるβ-カロテンの含有量が多く、油と一緒に摂取すると吸収率がアップするので、バターなどを加えましょう。

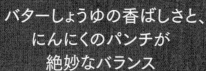

ツナ

Canned tuna

RECIPE

# 19

トマトや青ジソに含まれるビタミンCは、白血球の働きを強化し、免疫力を高めます。ツナに含まれるビタミンEは、ビタミンCと一緒に摂ることによって、抗酸化作用がより高まります。

**材料（1人分）**

A
- スパゲティ（半分に折る）…1束100g
- 水……………1カップ（200mℓ）

B
- ツナ缶（油漬け、食塩入り）……1缶
- プチトマト（ヘタをとって1/4に切る）……………3個
- 青ジソ（千切り）……………3枚
- 塩昆布……………大さじ1（5g）
- しょうゆ……………小さじ1

**作り方**

❶ 高密度ポリエチレン製のポリ袋にAを入れ、ポリ袋の空気を抜き、なるべく空気が入らないようにねじり上げ、ポリ袋の上のほうで結ぶ。スパゲティはポリ袋の中で広げておく。

❷ 1/2の水を入れてお皿を敷いた鍋に①を入れ、蓋をして火をつける。沸騰したら中火にし、袋の表示通りの時間加熱する。

❸ 別のポリ袋にBを入れて混ぜておく。

❹ Aが茹で上がったらポリ袋の結びの下をキッチンバサミで切り、スパゲティをトングでとりだす。それを③のポリ袋に入れて混ぜる。

# ツナ塩昆布パスタ

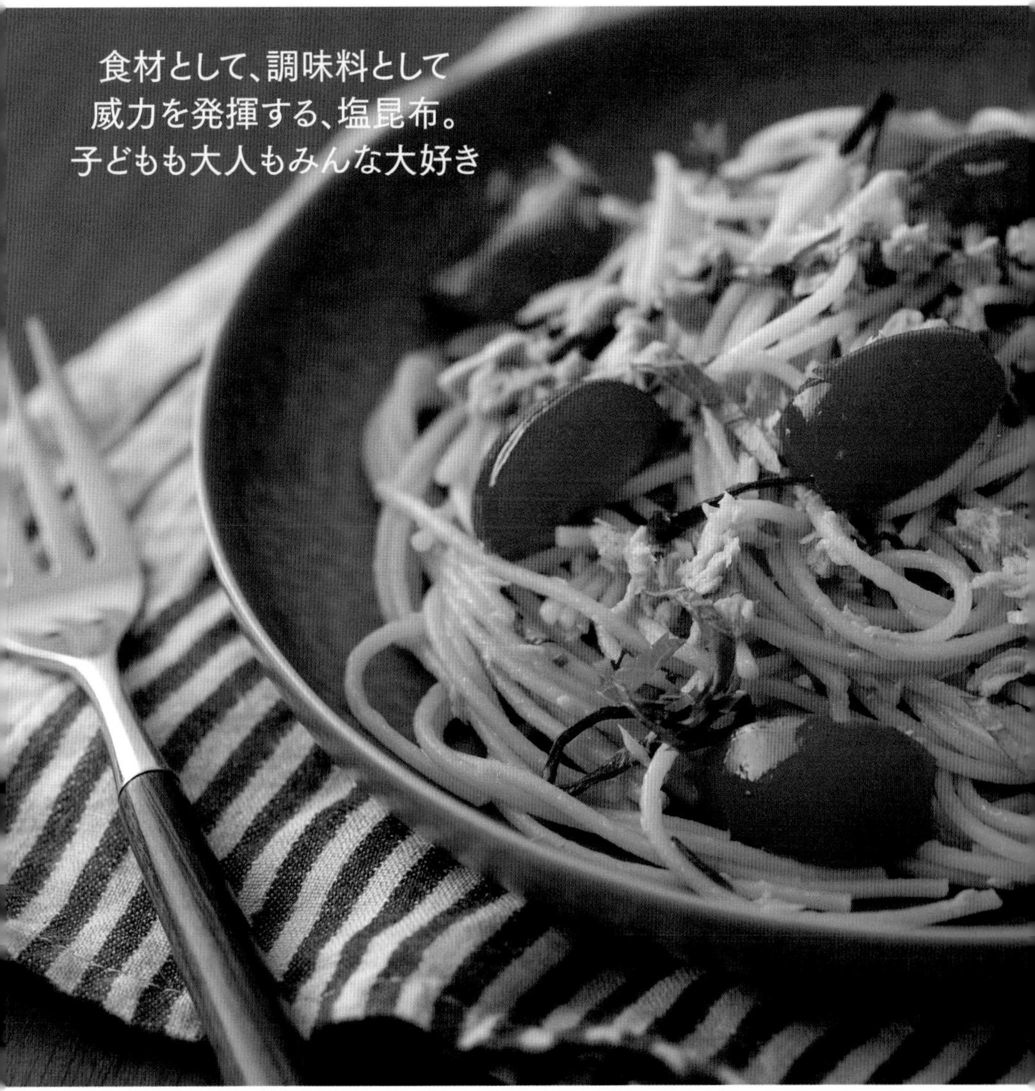

食材として、調味料として
威力を発揮する、塩昆布。
子どもも大人もみんな大好き

RECIPE
20

# 海鮮甘辛トッポギ風

**材料（1～2人分）**

| | | |
|---|---|---|
| A | 切り餅（短冊切り） | 2個 |
| A | 冷凍シーフードミックス | 60g |
| A | ニラ（3㎝長さに切る） | 1束（100g） |
| A | 焼肉のたれ | 大さじ1（10g） |
| A | コチュジャン | 小さじ1（5g） |
| | 白いりゴマ | 適量 |

**作り方**

❶ 高密度ポリエチレン製のポリ袋にAを入れて混ぜ、ポリ袋の空気を抜き、なるべく空気が入らないようにねじり上げ、ポリ袋の上のほうで結ぶ。具材はポリ袋の中で広げておく。

❷ 1/2の水を入れてお皿を敷いた鍋に①を入れ、蓋をして火をつける。沸騰したら中火にし、約15分間加熱し、火を止めて蓋をしたまま5分間蒸らす。白いりゴマをかける。

免疫力アップ POINT

ニラ特有の辛味成分であるアリシンには強い殺菌効果、抗酸化作用があり、免疫力を高めて風邪を予防する効果があります。β-カロテンも豊富に含まれ、抗酸化作用や免疫力を高める働きがあります。強い抗酸化作用のあるビタミンEも豊富です。

とろとろ、もちもちお餅に
甘辛味がからむ。
小腹が空いたときにもピッタリ！

RECIPE
21

# 鮭わかめごはん

**材料（1人分）**

| | | |
|---|---|---|
| A | 米（無洗米） | 1/2合（75g） |
| | 水 | 1/2カップ（100mℓ） |
| | 鮭フレーク | 大さじ1（10g） |
| | わかめスープの素 | 1袋 |
| | 白いりゴマ | 適量 |

**作り方**

❶ 高密度ポリエチレン製のポリ袋にAを入れて混ぜ、ポリ袋の空気を抜き、なるべく空気が入らないようにねじり上げ、ポリ袋の上のほうで結ぶ。具材はポリ袋の中で広げておく。

❷ 1/2の水を入れてお皿を敷いた鍋に①を入れ、蓋をして火をつける。沸騰したら中火にし、約20分間加熱し、火を止めて蓋をしたまま10分間蒸らす。白いりゴマをかける。

免疫力アップ POINT

鮭フレークは、活性酸素の酸化による体の老化、動脈硬化を防いでくれるアスタキサンチンを手軽に摂ることができます。免疫力を高めてくれる不飽和脂肪酸を含む白ゴマと一緒に食べましょう。

やさしい味わいで、
どんどん箸が進むおいしさ。
おにぎりにもオススメ

RECIPE 22

# アサリの生姜炊き込みごはん

**材料1合分（2~3人分）**

| | | |
|---|---|---|
| A | 米（無洗米） | 1合（150g） |
| | アサリ水煮缶 | 1缶（130g） |
| | 松山あげ | 2枚（28g） |
| | しょうが（千切り） | 2片（20g） |
| | 水 | 1カップ（200mℓ） |
| | めんつゆストレート | 大さじ1 |

青ネギ（カット済み、もしくは小口切り）……………… 適量

**作り方**

❶ 高密度ポリエチレン製のポリ袋にAを入れて混ぜ、ポリ袋の空気を抜き、なるべく空気が入らないようにねじり上げ、ポリ袋の上のほうで結ぶ。具材はポリ袋の中で広げておく。

❷ 1/2の水を入れてお皿を敷いた鍋に①を入れ、蓋をして火をつける。沸騰したら中火にし、約20分間加熱し、火を止めて蓋をしたまま10分間蒸らす。器に盛って青ネギをちらす。

# アサリを引き立たせる
# しょうが風味。
# 油あげがごはんになじむ

免疫力アップ

**POINT**

アサリには免疫力をアップさせる亜鉛が豊富に含まれているほか、タウリン、鉄分も多く、疲労回復や貧血予防効果もあります。しょうがは体を温めてくれるショウガオールと免疫力を高めるジンゲロールを含むので、免疫力アップには欠かせません。

COLUMN

# 免疫力を高める飲み物

食べ物だけではなく、飲み物の中にも、免疫力を高める効果が期待できるものがあります。
免疫細胞は、体内に活性酸素が多くなると働きにくくなるため、活性酸素を少なくする働きをもつビタミンC、ビタミンE、β-カロテン、ポリフェノールなどの抗酸化物質の補充が必要です。
免疫力アップにオススメの飲み物を紹介します。

## 緑茶

茶カテキンというポリフェノールが含まれているので、殺菌・抗ウイルス作用に威力を発揮。風邪や心筋梗塞、脳梗塞などの予防が期待できます。
緑茶の中でも、特にカテキンが多く含まれているのが、煎茶です。さらにビタミンC、β-カロテンも豊富に含まれている体が喜ぶ飲み物です。

## ココア

ココアの主成分、カカオポリフェノールは強い抗酸化力があります。
また、正常細胞の損傷を予防し、感染症予防にも効果があるといわれています。
そのほかにも、食物繊維が豊富で、腸内環境を整える働きがあるため、便秘予防にも効果を発揮します。

## 赤ワイン

赤ワインに含まれるポリフェノールの中でも「レスベラトロール」という成分に、強い抗酸化作用や、生活習慣病予防、血流をよくする機能などがあるといわれています。
このレスベラトロールはブドウの皮や種に含まれています。いくら健康効果があるといっても、飲みすぎては本末転倒ですね。

PART 3 | EGG

## メイン食材

# 卵

## お湯ポチャレシピ®

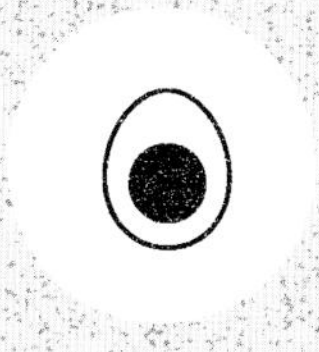

Egg

卵

Egg

RECIPE

23

栄養豊富な卵に足りないビタミンCと、食物繊維を補うことができるフライドポテト、ベビーリーフを入れて、免疫力アップを目指しましょう。

**材料（1人分）**

卵……1個

A
- 冷凍フライドポテト……20g
- ウインナー（キッチンバサミを使って輪切り）……1本
- ベビーリーフ（洗って水気をきる）……1/2袋（15g）
- 塩、こしょう……各少々

**作り方**

❶ 高密度ポリエチレン製のポリ袋に卵を割り入れてほぐし、その中にAを入れて混ぜ、ポリ袋の空気を抜き、なるべく空気が入らないようにねじり上げ、ポリ袋の上のほうで結ぶ。

❷ 1/2の水を入れてお皿を敷いた鍋に①を入れ、蓋をして火をつける。沸騰したら中火にし、約10分間加熱し、火を止めて蓋をしたまま5分間蒸らす。

# 洋風ポテト入りオムレツ

卵料理の定番を
ポテトでボリューミーに。
ごはんにも、おつまみにも

卵

Egg

RECIPE 24

# 手羽元のポン酢マーマレード煮ゆで卵添え

**材料(1人分)**

**・手羽元のポン酢マーマレード煮**

鶏手羽元(厚い部分に切り目を入れる)……2本

チンゲン菜(一口大に切る)……1株

| | | |
|---|---|---|
| A | マーマレード | 40g |
| | ポン酢しょうゆ | 大さじ1 |
| | 塩 | ひとつまみ |

**・ゆで卵**

卵……1個

白いりゴマ……適量

**作り方**

❶ 高密度ポリエチレン製のポリ袋を2枚用意し、1枚にAを入れて混ぜ、その中に鶏手羽元を入れてもみ込み、さらにチンゲン菜を入れて混ぜる。ポリ袋の空気を抜き、なるべく空気が入らないようにねじり上げ、ポリ袋の上のほうで結ぶ。具材はポリ袋の中で広げておく。もう1枚の高密度ポリエチレン製のポリ袋に卵を殻つきのまま入れ、なるべく空気が入らないようにねじり上げ、袋の上のほうで結ぶ。

❷ 1/2の水を入れてお皿を敷いた鍋に①を入れ、蓋をして火をつける。沸騰したら中火にし、約15分間加熱し、火を止めて蓋をしたまま5分間蒸らす。ゆで卵の殻をむいて半分に切り、器に盛りつけた鶏手羽元とチンゲン菜に添える。白いりゴマをかける。

## 甘味と酸味が
## 絶妙にからみ合う。
## ゆで卵が満腹中枢を刺激

免疫力アップ

POINT →

鶏手羽元はタンパク質、ビタミン、ミネラルなどの栄養を含んでいて、免疫力アップ、疲労回復、貧血予防、老化防止、美肌効果などが期待できます。

RECIPE **25**

# 竹輪とレタスの卵とじ

### 材料（1人分）

| | | |
|---|---|---|
| 卵 | | 1個 |
| A | 竹輪（輪切り） | 1本（25g） |
| | カットレタス | 1袋（80g） |
| | オイスターソース | 小さじ1/2 |

### 作り方

❶ 高密度ポリエチレン製のポリ袋に卵を割り入れてほぐし、その中にAを入れて混ぜ、ポリ袋の空気を抜き、なるべく空気が入らないようにねじり上げ、ポリ袋の上のほうで結ぶ。具材はポリ袋の中で広げておく。

❷ 1/2の水を入れてお皿を敷いた鍋に①を入れ、蓋をして火をつける。沸騰したら中火にし、約10分間加熱し、火を止めて蓋をしたまま5分間蒸らす。

## オイスターソースが
## 竹輪とレタスにしみこんで
## しっかりとした味わい

免疫力アップ POINT

便秘改善に役立つ食物繊維が豊富なレタスには、ビタミンCやビタミンK、カリウムも含まれているので、免疫細胞の活性化に効果を発揮します。

卵

Egg

RECIPE 26

# 中華風茶碗蒸し

**材料(1人分)**

卵 ………………………………………… 1個

A
- 水 ……………… 1/2カップ(100mℓ)
- 白だし、ごま油 ………… 各小さじ1

B
- カニカマ ………………………… 1本
- 干し海老 ……………… 小さじ1(1g)
- 冷凍ほうれん草 ………………… 20g

**作り方**

❶ 高密度ポリエチレン製のポリ袋に卵を割り入れ、Aも入れて混ぜ、その中にBを入れ、ポリ袋の空気を抜き、なるべく空気が入らないようにねじり上げ、ポリ袋の上のほうで結ぶ。具材はポリ袋の中で広げておく。

❷ 1/2の水を入れてお皿を敷いた鍋に①を入れ、蓋をして火をつける。沸騰したら中火にし、約10分間加熱し、火を止めて蓋をしたまま5分間蒸らす。

**アレンジレシピ**

**プリン**

**「お湯ポチャ」でプリンが簡単・手軽に作れる!**

**材料(1人分)**

A
- 卵 ……………… 1個
- 牛乳 ……… 1/2カップ(100mℓ)
- 砂糖 …………… 25g

果物缶 ……………… 適量

**作り方**

Aを全て高密度ポリエチレン製のポリ袋に入れて混ぜ合わせて、「お湯ポチャ」でつくる。10分間加熱、5分間蒸らし、器に盛りつけ、果物を添える。

免疫力アップ

POINT

魚のすり身で作るカニカマは、高タンパク、低脂肪。インスリン分泌を促進させ、血糖値の上昇を抑えるなどの効果があります。

みんな大好き、やさしい味と
やわらかな食感の茶碗蒸しを
中華風にアレンジ

卵

Egg

RECIPE 27

# みょうがそぼろ炒り卵

**材料（1人分）**

卵……1個

A
- 鶏ひき肉……20g
- みょうが（小口切り）……1本
- 白だし、砂糖……各小さじ1/2

**作り方**

❶ 高密度ポリエチレン製のポリ袋に卵を割り入れてほぐし、その中にAを入れて混ぜ、ポリ袋の空気を抜き、なるべく空気が入らないようにねじり上げ、ポリ袋の上のほうで結ぶ。具材はポリ袋の中で広げておく。

❷ 1/2の水を入れてお皿を敷いた鍋に①を入れ、蓋をして火をつける。沸騰したら中火にし、約10分間加熱し、火を止めて蓋をしたまま5分間蒸らす。出来上がりをほぐしてそぼろ状にする。その際、ポリ袋が熱くなっているので、布巾などでポリ袋をおおって、卵をほぐす。

## みょうがの風味で
## 食欲アップ。
## さっぱりおいしい和風おかず

免疫力アップ

**POINT**

みょうがは爽やかな香り成分であるαピネンを含み、食欲や血行促進効果があります。植物が持つ抗菌効果や抗ウイルス、抗炎症効果が期待されます。

卵

Egg

RECIPE

# 28

## 日本が発祥のオムライス。<br>卵とケチャップの<br>ハーモニーが安定の味

### 材料(1人分・2品)

**・ケチャップライス**

- 米(無洗米)……………… 1/2合(75g)
- 水…………………… 1/2カップ(100mℓ)
- ケチャップ……………………… 大さじ2
- ウインナー(キッチンバサミを使って輪切りにする)……………………… 1本

**・オムレツ**

- 卵……………………………… 2個
- シュレッドチーズ…………………… 20g
- 塩……………………………… ひとつまみ

ケチャップ(お好みで)………………… 適宜

### 作り方

❶ 高密度ポリエチレン製のポリ袋を2枚用意する。それぞれにケチャップライスとオムレツの材料を全て入れて混ぜ、ポリ袋の空気を抜き、なるべく空気が入らないようにねじり上げ、ポリ袋の上のほうで結ぶ。具材はポリ袋の中で広げておく。

❷ 1/2の水を入れてお皿を敷いた鍋に①を入れ、蓋をして火をつける。沸騰したら中火にし、約20分間加熱し、火を止めて蓋をしたまま10分間蒸らす。器に盛りつけて、お好みでケチャップをかける。

※オムレツだけを作る場合は、10分間加熱し、5分間蒸らして出来上がり。

※数種を同時調理する場合は、それぞれの調理時間に合わせて加熱してから取り出したり、または同時に入れて、加熱時間の長いほうに合わせて、一緒に取り出しても大丈夫です。

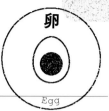

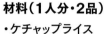

# オムライス

免疫力アップ

POINT

トマトケチャップには、活性酸素を除去する働きがあるリコピンが含まれていて、生のトマトよりも吸収がよくなります。

**ウインナー** → 代用:**ミニサラミ** →

**サラミの歯ごたえと塩味で、**
**いつものオムライスが新鮮味に**

ミニサラミ……………………………………1本(4.5g)

**★その他の材料・作り方は「オムライス」と同じ。**
**ミニサラミの代わりにカルパスも使えます。**

食材memo

サラミとカルパスの違いは主原料です。サラミは、豚肉と牛肉を使用、カルパスは豚肉・牛肉・鶏肉も使っています。

卵
Egg

RECIPE 29

# 親子丼

### 材料(1人分・2品)

**・ごはん**

- 米(無洗米) ……………… 1/2合(75g)
- 水 …………………… 1/2カップ(100mℓ)

**・親子煮**

- 鶏もも肉(小さめのそぎ切り) …… 80g
- 卵 ………………………………………… 1個
- たまねぎ(薄切り) …… 1/4個 (50g)
- ストレートめんつゆ …………… 大さじ2

三つ葉 …………………………………… 適量

### 作り方

❶ 高密度ポリエチレン製のポリ袋を2枚用意し、1枚にごはんの材料を、もう1枚に親子煮の材料を全て入れて混ぜ、ポリ袋の空気を抜き、なるべく空気が入らないようにねじり上げ、ポリ袋の上のほうで結ぶ。具材はポリ袋の中で広げておく。

❷ 1/2の水を入れてお皿を敷いた鍋に①を入れ、蓋をして火をつける。沸騰したら中火にし、約20分間加熱し、火を止めて蓋をしたまま10分間蒸らす。器に盛って三つ葉を散らす。

※親子煮だけを作る場合は、15分間加熱し、5分間蒸らして出来上がり。

**鶏もも肉** → 代用:**焼き鳥缶たれ味** →

**焼き鳥缶を使えば、味つけの失敗なし。**
**わが家の定番ごはんになる**

- 焼き鳥缶たれ味(缶汁ごと使用) ………………………1缶
- ストレートめんつゆ ……………………………… 大さじ1

★その他の材料・作り方は「親子丼」と同じ。

食材memo

焼き鳥缶を汁ごと使うと、ほどよい脂分とコクがごはんにからんで、あと引くおいしさです。

**免疫力アップ POINT**

良質なタンパク質が豊富な卵と鶏肉は、免疫細胞を活性化させます。たまねぎに多く含まれる硫化アリルは、一部が体内でアリシンという成分に変化し、免疫力を高める効果があります。

めんつゆのみで、
味がピタリと決まる簡単さ。
鶏肉のしっとりさも美味

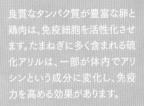

卵

Egg

RECIPE 30

# ちりめんじゃこと水菜の卵雑炊

## 材料（1人分）

卵 …………………………………… 1個

A
- ちりめんじゃこ ……………… 大さじ1
- 水菜（ざく切り）…………………… 40g
- 米（無洗米）……………………… 40g
- 白だし ………………………… 大さじ1
- 水 ………………… 1カップ（200mℓ）

## 作り方

❶ 高密度ポリエチレン製のポリ袋に卵を割り入れてほぐし、その中にAを入れて混ぜ、ポリ袋の空気を抜き、なるべく空気が入らないようにねじり上げ、ポリ袋の上のほうで結ぶ。具材はポリ袋の中で広げておく。

❷ 1/2の水を入れてお皿を敷いた鍋に①を入れ、蓋をして火をつける。沸騰したら中火にし、約20分間加熱し、火を止めて蓋をしたまま10分間蒸らす。

体がほっこり温まる、
すっきりとやさしい味。
夜食にもオススメ

免疫力アップ

POINT

卵に、カルシウム、ビタミンDが豊富なちりめんじゃこと、ビタミンC、β-カロテンを豊富に含んでいる水菜の組み合わせで、免疫力アップが期待できます。

COLUMN

# レトルトパウチやアルファ化米も「お湯ポチャ」できる！

パスタを「お湯ポチャ」でゆでるときに、
一緒にレトルトのパスタソースも入れれば、同時に一皿完成。
カレーとごはんが一緒に出来上がる便利さ。
時間がないとき、作るのが億劫という日の
お助け技として活用してください。

## パスタ＆パスタソース

パスタの「お湯ポチャ」の仕方と所要時間は64ページ参照。

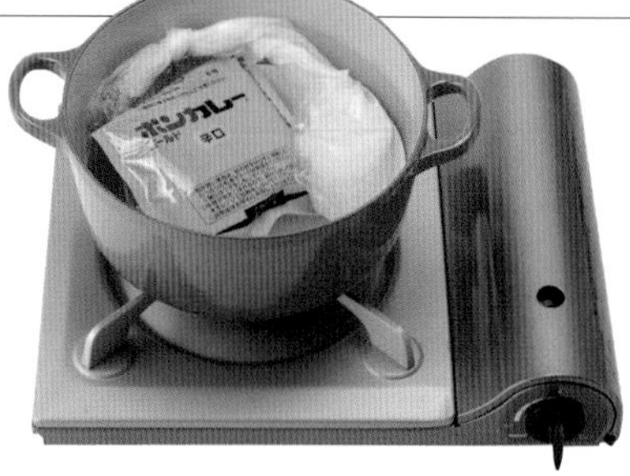


## ごはん＆カレー

ごはんの「お湯ポチャ」の仕方と所要時間は40ページ参照。

## アルファ化米

アルファ化米は、長期保存が可能で、お湯を入れて15分、水だと60分後に食べられるので、非常食として備蓄に適しています。アルファ化米に水分を入れて混ぜ、チャックをしっかりしめて「お湯ポチャ」すれば、沸騰してから15分で出来上がります。

PART 4 | SIDE DISH & SOUP, MISO SOUP

# 副菜&スープ・みそ汁

## 即食レシピ®&お湯ポチャレシピ®

Side Dish　Soup　Miso soup

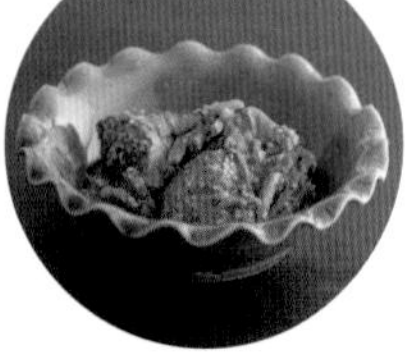

# 「副菜」と「汁もの」レシピについて

メイン料理は決まったけれど、もう一品副菜がほしい。
でも、手の込んだ料理を作るのは、ちょっと辛い……。
そんなときのために、火を使わずに作れる「即食レシピ®」をご用意しました。
野菜はピーラーを使うので、包丁、まな板もいらないという手軽さです。
そしてさらに、食事の際に体が欲するのが「汁もの」でしょう。
温かいものは代謝を促し、血流をよくします。
汁ものは全て「お湯ポチャ」で作るレシピです。

# 火を使わない「即食レシピ®」

ポリ袋に食材と調味料を入れて、味をなじませるだけで完成。
「サバとごぼうの酢味噌和え」（94ページ）のレシピを例に、作り方の手順を説明します。

❶ サバ味噌煮缶、ごぼうドライパック、酢、白いりゴマを用意する。

❷ 具材を入れる→調味料を入れる。

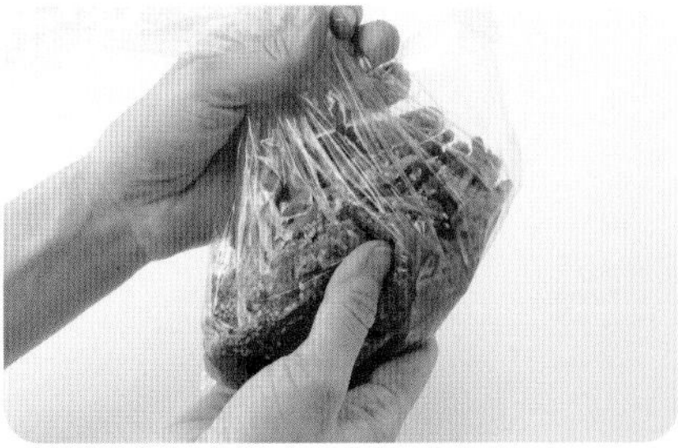

❸ 調味料が具材になじむように、ポリ袋の上からもんで混ぜ合わせる。

❹ 災害時は器にかぶせて食べる。

食材memo

## 95ページで使う「山いも」について

山いもは、長いも、大和いも、自然薯の総称で、その違いはすりおろしたときの粘りけが異なることです。
大和いもは、強い粘りを生かすために、すりおろして使うのがオススメ。山かけや、だしを加えたとろろ汁にぴったりです。
長いもは水分が多いので、切ってサラダや和えものにすると、サクサクとした食感がアクセントになります。
山いもは、皮をむくと酸化して変色するので、すぐに10分程度、酢水にさらしてアク抜きをします。本書のレシピでは、ポリ袋に入れて叩き割ったあと、そのままポン酢を入れて混ぜています。

# サバとごぼうの酢味噌和え

ごぼうの食物繊維で
腸内環境を整える。
隠し味のお酢で食欲アップ

**材料（2人分）**

サバ味噌煮缶 ……………………………… 1缶
ごぼうドライパック（レトルトパウチ）………
…………………………………………… 1袋(40g)
酢 ………………………………………… 小さじ1
白いりゴマ ……………………………… 大さじ1

**作り方**

❶ ポリ袋に材料を全て入れて混ぜる。

# たたき長いもの塩昆布和え

長いもの粘り成分ムチンで
スタミナアップ。
さっぱりサクサクで食が進む

**材料(2人分)**

長いも………………………………… 200g

A ポン酢しょうゆ……………… 大さじ1
A 塩昆布………………… 大さじ1(5g)

**作り方**

❶ 長いもはピーラーで皮をむき、ポリ袋に入れて、めん棒で叩く。

❷ ①にAを入れて混ぜる。

※断水時は、 使い捨てのビニール手袋をはめて調理してください。

# トマトコーンカレーコンビーフ

**材料（2人分）**

A
- コンビーフスマートカップ……1個（80g）
- トマトジュース……50mℓ
- コーンドライパック……1袋（55g）
- カレー粉……小さじ1

黒こしょう……適量

**作り方**

❶ ポリ袋にAを入れて混ぜる。食べるときに黒こしょうをかける。

# ミックスビーンズのマッシュサラダ

**材料（2人分）**

ミックスビーンズドライパック……1缶

A
- おろしにんにく……小さじ1
- ねりゴマ（ごまペースト）……大さじ1
- レモン汁……大さじ1
- 塩、こしょう……少々
- オリーブ油……小さじ1

クミンパウダー、パプリカパウダー（お好みで）……適宜

**作り方**

❶ ポリ袋にミックスビーンズを入れて、袋の上から木べらなどで潰す。その中にAを入れ、ポリ袋を手でもみ味をなじませる。器に盛りつけ、お好みでクミンパウダーやパプリカパウダーをかける。

※そのまま食べるだけではなく、切ったバゲットやクラッカーの上にのせたり、野菜スティックにつけても美味！　サンドイッチの具にもピッタリ。

女性に嬉しい
大豆イソフラボンが
たっぷり摂れる。
しっとり食感が楽しめる

トウモロコシの
ビタミン$B_1$、$B_2$で疲労回復。
コーンの甘味とコンビーフの
塩味がからみ合うおいしさ

# ピーラー野菜のかつお節サラダ

かつお節でカルシウム補給。
シャキシャキ野菜が
ポイントのさわやか味

**材料（2人分）**

大根 …………………………… 6cm（200g）
きゅうり ………………………………… 1本
にんじん ……………………………… 1/2本

A
- 顆粒だし …………………… 小さじ1
- 酢 ………………………………… 小さじ2
- かつお節 …………… 小袋1袋（4g）

**作り方**

❶ ボウルにポリ袋をかけ、その中に大根、きゅうり、にんじんをピーラーでスライスする。Aを入れてポリ袋の上から手でもみ、味をなじませる。

※断水時は、使い捨てのビニール手袋をはめて調理してください。

# ピーラーズッキーニチーズサラダ

ズッキーニの葉酸で、
NK細胞を活性化。
干しブドウが味のアクセント

**材料（2人分）**

ズッキーニ ……………………… 1本（200g）
塩 …………………………………… 小さじ1/4
A［ オリーブ油、干しぶどう … 各小さじ1
　　レモン汁 ……………………… 小さじ2
粉チーズ ………………………… 小さじ1

**作り方**

❶ ボウルにポリ袋をかけ、その中にズッキーニをピーラーでスライスする。塩を入れてポリ袋の上から手でもみ、その中にAを入れて混ぜる。食べるときに粉チーズをかける。

※断水時は、使い捨てのビニール手袋をはめて調理してください。

# 「お湯ポチャ」で温かいスープ・みそ汁レシピ

「さきいかのトムヤンクン風スープ」(102ページ)のレシピで、作り方の手順を説明します。

❶ 干し海老、さきいか、スライス干ししいたけ、水、鶏ガラスープの素、ナンプラー、レモン汁、豆板醤を用意する。

❷ 食材を入れる→調味料を入れる。材料を高密度ポリエチレン製のポリ袋に入れるときは、ボウルを使って、汁がこぼれないようにポリ袋の底を安定させる。

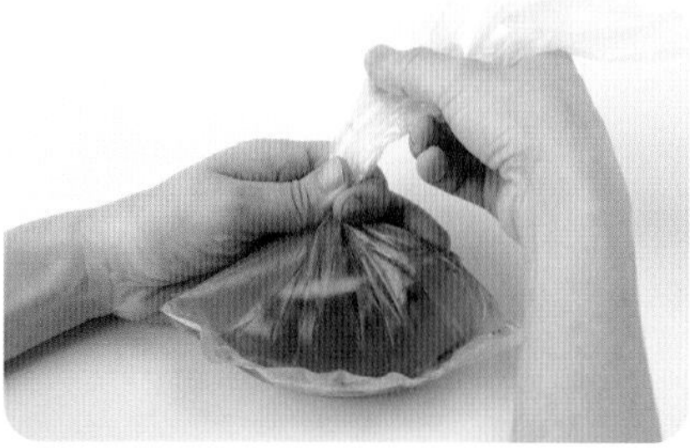

❸ ポリ袋の上からもんで調味料を混ぜ合わせる。

❹ ポリ袋の空気を抜き、なるべく空気が入らないようにねじり上げ、ポリ袋の上のほうで結ぶ。「お湯ポチャ」をして出来上がり。

食材memo

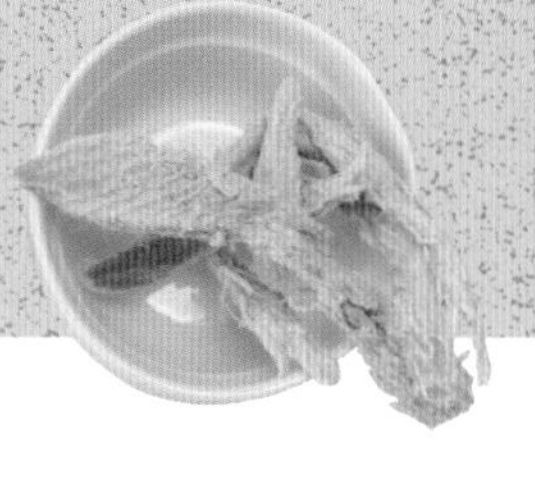

**「さきいか」について**

さきいかは、生のイカやスルメをあぶり焼きにして裂いたもの。スルメはイカの内臓を取り除いて乾燥させた加工食品。ビールやお酒のおつまみにピッタリです。
このさきいかを汁ものの具材として使うと、風味と塩味がだしになり、一石二鳥の働きをしてくれます。

スープ
Soup

# ポテトチップスの豆乳カレースープ

豆乳の葉酸で
免疫機能を改善。
まろやかさの中に、
ほどよくきいた
スパイシーさ

**材料(1人分)**

A
- ポテトチップス(お好みの味)……………………………… ひとつまみ(5g)
- 常温保存可能豆乳……………………………… 1カップ(200mℓ)
- 顆粒コンソメ、カレー粉……………………………… 各小さじ1/2
- 塩…………………… 少々

フライドオニオン…………… 大さじ1(3g)
ドライパセリ、またはパセリのみじん切り……………………… 適量

**作り方**

❶ 高密度ポリエチレン製のポリ袋にAを入れて混ぜ、空気を抜き、なるべく空気が入らないようにねじり上げ、ポリ袋の上のほうで結ぶ。

❷ 1/2の水を入れてお皿を敷いた鍋に①を入れ、蓋をして火をつける。沸騰したら中火にし、5分間加熱する。最後にフライドオニオンとパセリをかける。

# さきいかの
# トムヤムクン風スープ

**材料（1人分）**

干し海老 …………………… 小さじ1（1g）
さきいか（キッチンバサミを使って切る）
…………………………………………… 5g
スライス干ししいたけ ………………… 2g
水 ……………………… 1カップ（200mℓ）
鶏ガラスープの素、ナンプラー、レモン汁、
豆板醤 ………………………… 各小さじ1/2

**作り方**

❶ 高密度ポリエチレン製のポリ袋に材料を入れて混ぜ、空気を抜き、なるべく空気が入らないようにねじり上げ、ポリ袋の上のほうで結ぶ。

❷ 1/2の水を入れてお皿を敷いた鍋に①を入れ、蓋をして火をつける。沸騰したら中火にし、5分間加熱する。

# 中華ドレッシングで
# 酸辣湯《サンラータン》風スープ

**材料（1人分）**

卵 ……………………………………… 1個

A
- 乾燥ネギ……………………… 小さじ1
- 水 ………………… 1カップ（200mℓ）
- 中華ドレッシング ………… 小さじ2
- 鶏ガラスープの素 ……… 小さじ1/2

**作り方**

❶ 高密度ポリエチレン製のポリ袋に卵を割り入れ、その中にAを入れて混ぜ、空気を抜き、なるべく空気が入らないようにねじり上げ、ポリ袋の上のほうで結ぶ。

❷ 1/2の水を入れてお皿を敷いた鍋に①を入れ、蓋をして火をつける。沸騰したら中火にし、5分間加熱する。

干し海老とさきいかの
うま味がたっぷり。
しいたけのビタミンDは、
免疫調整機能をもつ栄養素

卵のビタミンAで
自然免疫力を高めましょう。
あっさりスープは、
酸っぱさが苦手な人にもオススメ

# かっぱえびせん 春雨中華スープ

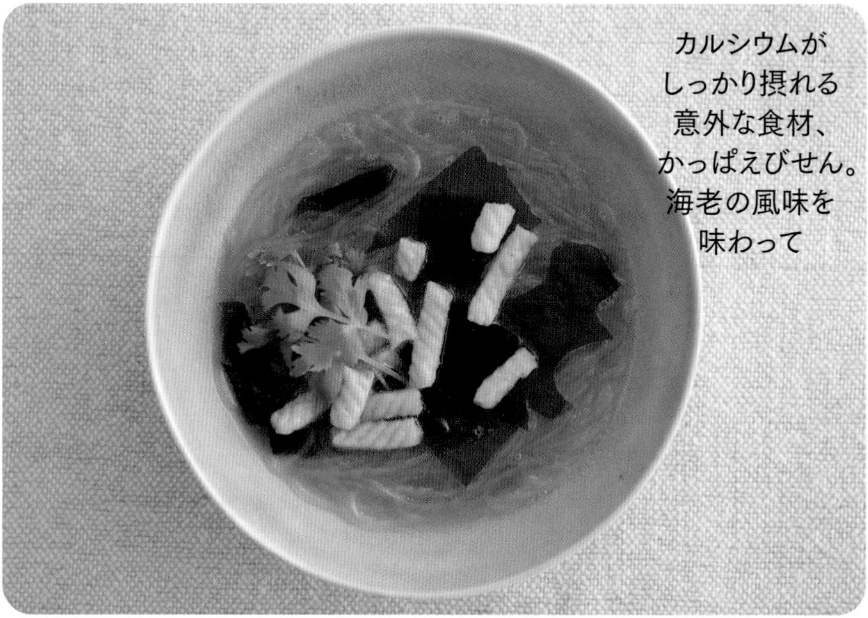

カルシウムが
しっかり摂れる
意外な食材、
かっぱえびせん。
海老の風味を
味わって

**材料（1人分）**

A
- 春雨（長ければ手で半分に折るか、キッチンバサミを使って切る）…10g
- カットわかめ……ひとつまみ
- 水……1カップ（200mℓ）
- 中華だし……小さじ1/2
- 塩……少々
- ごま油……小さじ1

かっぱえびせん……6本

パクチー（お好みで）……適宜

**作り方**

❶ 高密度ポリエチレン製のポリ袋にAを入れて混ぜ、空気を抜き、なるべく空気が入らないようにねじり上げ、ポリ袋の上のほうで結ぶ。

❷ 1/2の水を入れてお皿を敷いた鍋に①を入れ、蓋をして火をつける。沸騰したら中火にし、5分間加熱する。かっぱえびせんを入れて、お好みでパクチーをのせる。

# かんぱん
# ほうれん草みそ汁

みそ汁
Miso soup

ほうれん草の
β-カロテンが
自然免疫力を高める。
かんぱんが
新食感！

**材料（1人分）**

かんぱん……………… 適量（小2個ほど）
乾燥ほうれん草……………… 大さじ1（4g）
水………………………… 1カップ（200㎖）
顆粒だし………………………… 小さじ1/3
味噌……………………………… 小さじ2

**作り方**

❶ 高密度ポリエチレン製のポリ袋に材料を全て入れて混ぜ、空気を抜き、なるべく空気が入らないようにねじり上げ、ポリ袋の上のほうで結ぶ。

❷ 1/2の水を入れてお皿を敷いた鍋に①を入れ、蓋をして火をつける。沸騰したら中火にし、5分間加熱する。

みそ汁

Miso soup

# ちりめんじゃこの海苔みそ汁

ちりめんじゃこと海苔に
含まれるカルシウムと鉄分。
磯の風味がたっぷり

**材料（1人分）**

ちりめんじゃこ……………… 大さじ1（4g）
焼き海苔（手でちぎる）…… 手巻き用1枚
水……………………………1カップ（200㎖）
顆粒だし…………………………小さじ1/3
味噌……………………………………小さじ2

**作り方**

❶ 高密度ポリエチレン製のポリ袋に材料を全て入れて混ぜ、空気を抜き、なるべく空気が入らないようにねじり上げ、ポリ袋の上のほうで結ぶ。

❷ 1/2の水を入れてお皿を敷いた鍋に①を入れ、蓋をして火をつける。沸騰したら中火にし、5分間加熱する。

# 落とし卵のチーズみそ汁

粉チーズのちょい足しで
カルシウム補給。
卵で食べごたえのある汁ものに

**材料（1人分）**

卵 ………………………………… 1個

A
- 粉チーズ ……………… 小さじ1(2g)
- 水 ………………… 1カップ(200mℓ)
- 顆粒だし ……………… 小さじ1/3
- 味噌 ……………………… 小さじ2

黒こしょう ………………………… 少々

**作り方**

❶ 高密度ポリエチレン製のポリ袋にAを入れて混ぜ、その中に卵を割り入れる。卵をつぶさないように、空気を抜き、なるべく空気が入らないようにねじり上げ、ポリ袋の上のほうで結ぶ。

❷ 1/2の水を入れてお皿を敷いた鍋に①を入れ、蓋をして火をつける。沸騰したら中火にし5分間加熱する。最後に黒こしょうをかける。

COLUMN

# 使い勝手のいい冷凍食品、缶詰、レトルトパウチ食品

野菜を買いすぎて食べきれずに、結局、傷ませてしまう。
ありがちなことでしょう。
そんな悩みを解決してくれるのが、市販の冷凍野菜や、
缶詰、レトルトパウチの野菜です。

冷凍食品のメリットは、冷凍することで保存期間が格段に延びる、カットや下ゆでをしてあるものは手間が省ける、少量を使いたいときに便利などたくさんあります。自然解凍ですむもの、電子レンジでの加熱や、ゆでる必要があるものなどの違いがあるので、商品表示を確認してください。

レトルトパウチや缶詰の大豆、ひじき、ごぼう、コーンなどは、蒸したり、ゆでたりする手間が一切必要なく、そのまま使えます。常温保存できるオススメ備蓄食材です。缶詰は、長期保存に適しています。

PART 5 DISASTER PREVENTION

ころばぬ先の杖

# 防災

「もしもの時」に役立つ最新情報

# なぜ、家庭備蓄が必要なのか？

## 買い物に行けないことが起こり得る

家庭での食料備蓄について、政府によると「自然災害に備える場合は1週間以上、新型感染症に備える場合は2週間以上」の備蓄を推奨しています。

新型コロナ感染症の場合は、感染の疑いが自分や家族にあれば、2週間程度は外出を避けなければなりません。

自然災害の多発のみならず、感染症リスクも加わった現代は、家庭備蓄が一層重要となっています。

## 備蓄にオススメの食材とは

家族全員分を1週間分ストックすることは、ハードルが高い、そう思われるかもしれません。

しかし、普段よく購入する食料品の中で保存性のよいものを、少し多めに買いおきすればいいと考えると、実現しやすいのではないでしょうか。

備蓄するものは、ライフラインがストップすることを想定して、常温で保存できるものや加熱調理しなくても食べられるものを中心にしましょう。

カセットコンロとガスボンベを用意しておけば温かいものも作れるので、料理のレパートリーが広がります。

栄養バランスも考え、主食になるものだけでなく、おかずになるものも買いそろえておきましょう。

サバ缶、ツナ缶、コンビーフなどはタンパク質の補給になりますし、低栄養を防いでくれます。

体の調子を整えてくれるビタミン、ミネラル補給ができる野菜も必ず備えてください。野菜ジュースやひじきドライパックなどのほか、乾物や日持ちする野菜、果物なども常備しておくと重宝します。

## ローリングストックを習慣づける

備蓄食材はしまい込まずに、普段の食事に使い、使ったものを買い足すことが防災対策にもなります。

食べ物や日用品を少し多めに購入し、日常生活で古いものから順に消費し、補充しながら備蓄していく、これが「ローリングストック」です。

「何を備えればいいのか」という声をよく聞きます。しかしながら、その答えに正解はありません。

それは、たとえ長期保存、常温保存ができたとしても、好みの味でなかったり、上手に調理ができなかったりすれば、備蓄食材としては、そのご家庭にとって不向きということになるからです。

好みの味を備蓄するために、買ったものは、実際に食べてみましょう。

また、備蓄をしたことで安心していると、あっという間に賞味期限切れということが起こります。「備える」こと以上に、食べて「消費する」ことを意識してください。

## 備蓄は、3つの「見える化」で

大地震の際には台所は割れた食器などで、足の踏み場のない危険ゾーンになることが予想されます。

我が家では、和室の本棚の中に、缶詰やレトルト食品を保存しているので「もしもの時」は、その部屋で食べられるようにしています。食具、ウェットティッシュ、ゴミ袋も置いています。

備蓄の際のポイントは次の3つです。

## 1 家族に見える化

備蓄品の内容と保管場所を自分だけが把握しているだけでは、家族を守ることができません。何がどこにあるかを、家族と共有しましょう。

## 2 食べ方の見える化

「もしもの時」に、備蓄食品が口に合わなかったり、食べ方がわからない、ということが起こりえます。

そうならないために、普段から食べなれているもの、作りなれているものを選んで備蓄しましょう。

## 3 賞味期限の見える化

缶詰やレトルト食品を備蓄する際に、パッケージの見やすいところに、ペンで大きく賞味期限を書いておくことをオススメします。

さらに賞味期限切れを防ぐために、古いものから食べられるように、取り出しやすい収納を心がけてください。

## 賞味期限パトロールのオススメ

家族みんなで防災意識を高められるように〝賞味期限パトロール〟をしてください。

家にある食品の賞味期限をチェックし、期限が3か月以内の食品を集めて食べたり、また、それらを組み合わせて料理作りをしてみてください。

ご自分だけではなく、普段は料理をしない家族や子どもにも挑戦してもらうことがポイントで、季節ごと、あるいは半年に1回行うことをオススメします。備蓄食品の消費を体験することは、「もしもの時」の訓練にもなります。

期限切れがたくさん出てきそうでヒヤヒヤするという人にとっては、定期的に点検することで、食品ロスを防ぐことにつながります。

# 水は代えがない！ 災害時の水事情

## 水は必ず備蓄しましょう！

蛇口をひねれば水が出る、ということを、私たちは当然のこととしていますが、災害や予期せぬ事故などによって、断水は起こりえることなのです。

阪神淡路大震災の際には、水道が復旧するまでに、45日以上かかった地域があったことを知りました。どんなに不便だったことでしょうか。

水の大切さは、周知されていることなので、飲料水として水の備蓄をしている方も多いと思います。

1人1日3リットル×7日分＝21リットルの備蓄が推奨されていますが、これは飲料水のみの量です。

実は、飲料水よりも、生活用水のほうがたくさん必要なのです。

**・水が必要なシーン**

手洗い／トイレ／洗面／歯みがき／洗濯／入浴／料理など。

### 用途別使用量の目安

| 用途 | 使い方 | 使用量 |
| --- | --- | --- |
| 洗面・手洗い | 1分間流しっぱなしの場合 | 約 12リットル |
| 歯みがき | 30秒間流しっぱなしの場合 | 約 6リットル |
| 食器洗い | 5分間流しっぱなしの場合 | 約 60リットル |
| 洗　車 | 流しっぱなしの場合 | 約 90リットル |
| シャワー | 3分間流しっぱなしの場合 | 約 36リットル |

13ミリメートルの胴長水栓で水圧0.1メガパスカル、ハンドル開度が90度の場合、1分間に約12リットルの水が流れる。（東京都水道局「くらし水道」より）

## 備蓄以外に、水を確保するには

災害発生後、断水したときなどには、応急給水施設や給水車によって、水が配給されます。応急給水施設は、各地域の水道局で確認をしておいてください。

ちなみに、老朽化した水道管の破裂事故は、毎年１０００件を超えているそうです。

断水の原因が自然災害だけでないことも、忘れないようにしたいものです。

水をもらいに行く際に、必要となるのが給水容器です。容器の使い勝手は、下記にまとめましたので参考にしてください。

さらに、水を入れたあと、どうやって運ぶか、どこに置くかも考えておきましょう。

水の置き場として、給水容器は直射日光を避けることが必要となります。

そのため、ベランダには置かないなど、保管場所や保管の仕方も考えましょう。

## 給水容器を準備する際のポイント

給水容器は、それぞれの特長を知り、保管場所やご自分に合った使い勝手がいいものは何かを考慮し、備えてください。

### 給水容器の条件

**水が入れやすいこと**

- 給水口が大きいほうが入れやすい

**運びやすく、密栓できること**

- 背負う（リュック型給水袋）
- リュックに入れて運ぶ
- キャリーカートで運ぶ
- キャスター付きタイプを使う

**使いやすいこと**

- 蛇口式／コック式／自立式など

**衛生的であること**

- 清潔
- 洗える
- 水が空気に触れない

容器には、ソフトタイプとハードタイプがあります。
それぞれ一長一短があります。

蛇腹式や
折りたたみ式は、
コンパクトに
収納できる。

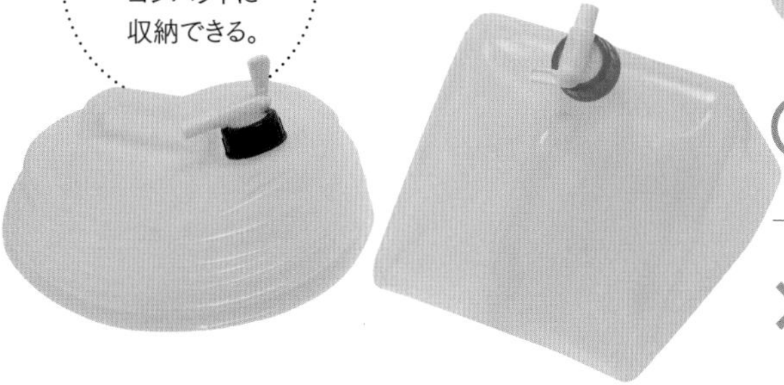

## ソフトタイプ

○
- 保管場所を取らない
- 運びやすい
- 空気が入りにくい

×
- 劣化して穴があく場合がある
- 置いているときに安定しない
- 洗いにくい、乾かしにくい

## ハードタイプ

○
- 給水口が大きいものは洗いやすい
- コックが付いているものは使いやすい
- 自立する

×
- 収納スペースが必要
- 容器が大きいので運びにくい
- 容器の材質によっては臭いが気になる

取っ手と
キャスター付きで、
持ち運びに
便利。

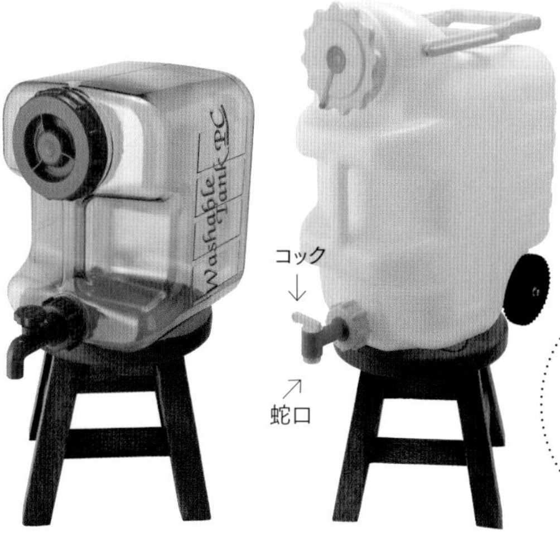

透明で水の減りが
見やすい。
タンクの内部まで
洗えるので清潔。

飲料水のボトルなども、給水容器として再利用できます。

## 家にあるものを使う

4ℓの
取っ手付きの
ペットボトルも、
きれいに
洗浄して利用。
スーパーの
ペットボトル2本の
キャップの下に
リボンテープを
固く結び付る。
リボンテープを
首や肩にかけると
持ち運びが
ラクになる。


### 汲み置きした水の注意点

時間が経つと、残留塩素が減少し、細菌が繁殖しやすくなります。直射日光が当たらない涼しい場所で保管してください。冬場で1週間、夏場で3日程度の保存が可能です。飲料水として飲めなくなったあとは、生活用水として使用しましょう。

### 災害時給水拠点をチェック

災害時に道路が寸断されたりすると、給水車が来られなくなることがあります。飲料水が配給される「災害給水拠点」がありますが、地域によって、呼び名も標識も異なるので、場所を必ず確認しておきましょう。

## 水の代替品を用意

ウェットティッシュ、アルコール消毒液、体ふきシート、ドライシャンプー、歯みがきシートなど、水を使わずにすむ衛生用品を用意しておきましょう。ただし、それらにも使用期限があります。商品によって使い心地が違うので、一度、使ってみることをオススメします。

# 今泉マユ子の給水車体験記

ペットボトル、ポリタンク、バケツを使って実際に給水を受けてみました。給水車の蛇口に取り付けるホースは、太いものと、細いものがあります。10ℓが満タンになる時間を計測したところ、1分以上の差がつきました。行列ができているときに、給水に時間がかかるとストレスになります。

1

## 2ℓのペットボトルに給水

給水車の蛇口は、ペットボトルの飲み口の大きさと同じなので、水が漏れる。

↓

細いホースを使う。
水の出を弱める。

2

## 10ℓのポリタンクに給水

ポリタンクをリュックに入れて背負う。

↓

なんとか
運べる。

3

## バケツにポリ袋をかけて給水

給水後は、ポリ袋の口をしっかり結んでリュックで運ぶ

↓

水を使うときに、
柄杓が必要。
衛生的ではない。

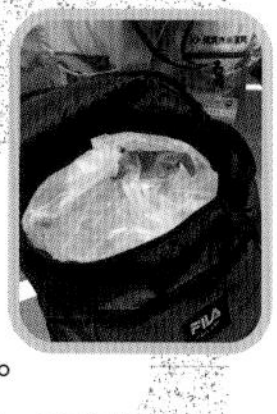

水は想像以上に重たいので、ご自分が運べる重量を事前に把握しておきましょう。
また、断水時に、持ち込んだ容器に水を入れるときには、
衛生面への配慮から、ホースに容器が触れないようにして水を注いでください。

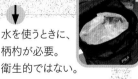

# 明かりの確保も忘れずに

## 夜間停電に備える明かりを

災害が夜間に起こったら、停電になることを覚悟しておく必要があります。

真っ暗闇の中では、室内の状況確認や家族の安否確認が困難になるため、各部屋の手の届く範囲内に、懐中電灯を置いておくことが必須となります。

私はそのほかにも、ランタンやハンズフリータイプのライトなど、いろいろな明かりを用意

しています。ヘッドライトは頭部に装着するので、両手が空き作業がしやすくなります。

　さらに必要なサイズの乾電池も一緒に備えてください。懐中電灯が点くか、乾電池は液漏れしていないかなどを、定期的にチェックしましょう。

## 暗闇で光を放つ2つのオススメ安心グッズ

　まず1つめのオススメは「蓄光テープ」。これは、太陽光や蛍光灯、LEDライトなどの光を吸収して溜め込み、暗い場所で光を放出するという省エネな防災グッズです。

　懐中電灯やドアノブ、電気のスイッチ、携帯電話、ラジオ、防災用の持ち出し袋などにも貼っておくと安心です。ただし、テープなので、貼る対象物によっては剥がれやすい材質もあるので、気をつけてください。

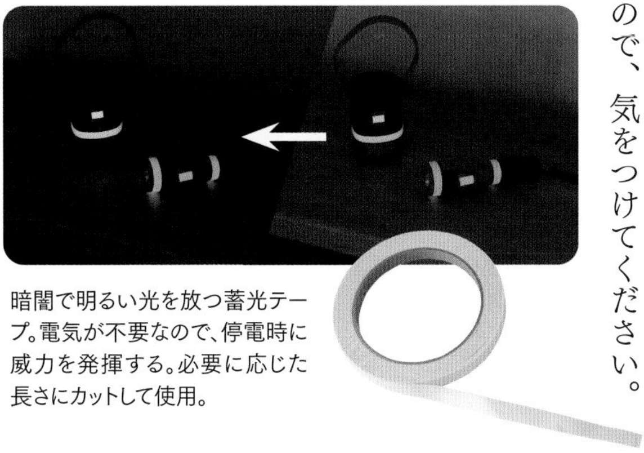

暗闇で明るい光を放つ蓄光テープ。電気が不要なので、停電時に威力を発揮する。必要に応じた長さにカットして使用。

　2つめは「Pioma　ここだよライト」。コンセントにさしておくと、部屋の電気を消してから自動で30秒間点灯。停電や震度4以上の地震がおこると自動で10分間点灯します。

　さらにコンセントから外せば懐中電灯としても約6時間使えるという優れものです。

　実際に停電したときに、パッと明かりが点きました。その明かりが安心と落ち着きをもたらしてくれました。

充電式のため、電池ぎれの心配もないので便利。

# 災害時の暑さ、寒さ対策も必要

## 夏は万全の熱中症対策を

ライフラインが寸断されたときに、忘れてはいけないのが、暑さ、寒さ対策です。

暑い時期に、クーラーや扇風機が使えない状況となると懸念されるのが熱中症です。命にかかわることなので、万全の対策をしてください。

### 猛暑の暑さ対策

●夏場は、水を多めに備蓄。

●経口補水液（ＯＳ１）やスポーツドリンク、塩あめ、ゼリー飲料などを用意しておきましょう。

●うちわ、扇子、電池式の扇風機を活用。

●冷却効果のある汗拭きシートやひんやりジェルマット（敷マットや枕マットなどがある）、クールスカーフなどを使用。

●断水に備えて、体拭きシート、おしり拭き、手動式ウォシュレット、ドライシャンプーなどを用意。

●汗をかくので着替えの用意。

●汚物、生ゴミ、オムツの臭い封じができるポリ袋を用意。オムツ用消臭袋が、赤ちゃん用品や介護用品として市販されています。

●自分の好きな匂いのアロマオイルを用意。抗菌作用やリフレッシュ効果があるものもあります。

●消臭スプレー。夏場の暑い時期は、臭いが気になることもあるので、臭い対策も必要となります。

## 冬は暖の確保が重要になる

寒さはダイレクトに体力を奪うので要注意です。低体温症、凍傷、新型コロナやインフルエンザ、寒さからくる高血圧による心筋梗塞や脳卒中、脱水症状、喘息、気管支炎など、健康を害するさまざまな心配があります。

電気やガスが止まった際に、熱源なしでも体を温められる方法を考えなくてはいけません。

### 厳寒期の寒さ対策

●カセットコンロ、ボンベを多めに準備（備蓄の数については17ページを参照）。

カセットコンロとボンベを使いお湯を沸かすと、その近くにいるだけで温まることができます。そのお湯は、湯たんぽやペットボトルに入れると暖を取れるし、沸かした白湯を飲むと体の芯が温まります。

●使い捨てカイロやマスクを多めに用意。

●ダウンベストやダウンジャケットを用意。

●エマージェンシーブランケットを用意。薄手の保温素材で作られた防寒具で、このシートにくるまることで体温の低下が防げます。アルミ蒸着ポリエステルフィルムやポリエチレンなど、素材の違いや薄手、厚手、寝袋タイプなどがあります。ものによってはシートのカサカサ音がうるさく感じ、「眠れなかった」という声もあるので注意が必要です。

### 何も用意できなかった場合

●新聞紙を数枚重ねて羽織り、テープなどで止める。

●新聞紙を体に巻いて、その上からラップを巻く。また、靴下をはいた上に新聞紙を巻き、さらに靴下をはくと足元の冷え防止になります。

●大きめのゴミ袋に丸めた新聞紙を入れ、その中に足を入れると冷え予防になります。

●3つの首（首、足首、手首）をスカーフ、マフラー、レッグウォーマー、靴下などで温める。

毎年9月1日の「防災の日」はもちろんのこと、半年に1回は準備ができているか、点検することを習慣にしましょう。

# 子どもの心のケアは重要

## 被災者に必要な心のケアとは

災害が起きて間もない時期は、誰しも不安に押し潰されそうになるものです。

被災者に必要な心のケアとは、専門家による心理療法やカウンセリングよりも、温かい食事や安心して眠れる環境、静かで落ち着ける居場所を提供するという援助ではないでしょうか。

私は、できる限り、日常の生活に近い状態で過ごせるようにすることが、心のケアにつながると考えます。

## 子どもが安心して過ごせるように

以前、私は震災後の子どもたちの心のケアを学ぶために、みやぎ心のケアセンターと公益社団法人セーブ・ザ・チルドレン・ジャパンが開催した「こどものための心理的応急処置」(PFA for Children) の研修を受けました。

そこで学んだのは、大規模災害に直面しストレスを抱えている子どもの精神的苦痛を増幅させないように支援する、心の応急手当です。

危機的な出来事に直面した子どもたちは、大人と異なる反応をし、成長段階によって必要とする支援も異なってきます。

できる限り子どもたちの普段通りの日常を保ち、安心して遊んだり、学んだり、家族や友だちと過ごせる環境を作ることが、何よりも大切なことだと思っています。

# 自分自身のケアも忘れずに

## 自分の心のケアもする

そして、子どもの心のケアとともに、自分自身の心のケアも忘れないでください。

その大切さを痛感したのは、私自身が経験した出来事があったからです。

今から20年以上前のことです。主人の赴任に伴い中国の南京《ナンキン》に3年間駐在しました。

娘はまだ2歳だったので、周りから「子どものケアをしっかりしてあげて」と、娘ばかり心配されました。

私は言葉もわからない、初めて住む知らない場所で、必死になって娘と向き合いました。

## 頑張りすぎないことも大切

「子どものため」と毎日毎日、自分に言い聞かせて頑張り続けました。何もかも自分一人でやらなければならない、弱音を吐いてはいけないと、自分に言い聞かせていた日々でした。

しかし突然、私の心がポッキリ折れて大泣きしてしまったのです。「辛い」という気持ちに蓋をしていたからです。

自分の心のケアが最も大切だと気づいた瞬間でした。

頑張ることは必要ですが、頑張りすぎないことも大切だと思います。

とかく親は「子どものため」に頑張ってしまいますが、自分の心身が壊れてしまったら、家族を守ることができません。自分自身のケアもしましょう。

# おわりに

私は２０２０年の春に足を骨折して、1か月間ギプス生活を送ったときに、本書で紹介している調理法「お湯ポチャレシピ®」で、毎日問題なく温かい食事を摂ることができました。「お湯ポチャ」で使う鍋は洗わずに出しっぱなし、蒸発した分のお水を足すだけでＯＫ。その体験から、洗い物がほとんど出ないこの調理法を知っておくと、「もしもの時」も乗り越えられると自信がつきました。

今年1月からは、ニッポン放送の「ナイツ　ザ・ラジオショー」にレギュラー出演をさせていただいて、「お湯ポチャレシピ®」と「即食レシピ®」をご紹介しています。毎週、レシピを作ってスタジオに持っていくのですが、ポリ袋で作ってそのまま持ち運んでいるため、衛生的で洗い物も出ないので、ストレスフリーで楽しんでいます。

「お湯ポチャ」で私がイメージするのは、ゲゲゲの鬼太郎の目玉おやじ。私のあこがれの存在でもあります。

目玉おやじは、かつては重い病で命を落としましたが、まだ赤ん坊だった鬼太郎への想いが強く、目玉の妖怪として生き返り、実の父親として鬼太郎のことを温かく見守り続けます。

物知りで時に的確なアドバイスをする目玉おやじのように、私はなりたいと思っています。

栄養価の高い食材を「お湯ポチャ」で調理して、温かいものを食べて免疫力をアップしましょう。どんなときでも、家族に「大丈夫じゃぞ」と言えますように。

２０２１年５月

今泉マユ子

# 今泉マユ子

(いまいずみ・まゆこ) 管理栄養士・防災士・災害食専門員。1969年、徳島県生まれ。横浜市在住。1男1女の母。
管理栄養士として大手企業社員食堂、病院、保育園に長年勤務。現在はレシピ開発、商品開発に携わるほか、防災食アドバイザーとして全国で講演、講座、ワークショップを行う。東京消防庁総監より感謝状を拝受。災害時に役立つ「即食レシピ®」、「お湯ポチャレシピ®」の他、缶詰やレトルト食品のアレンジレシピを多数作成し、「レトルトの女王」「レトルトマニア」「缶詰の達人」「保存食の達人」とも呼ばれる。
NHK「あさイチ」「おはよう日本」、日本テレビ「ヒルナンデス!」、TBS「マツコの知らない世界」「王様のブランチ」、テレビ朝日「家事ヤロウ!!!」ほか、テレビ、ラジオ出演多数。新聞、雑誌などでも活躍中。
主な著書に『かんたん時短、「即食」レシピ　もしもごはん』『災害時でもおいしく食べたい!簡単「みそ汁」&「スープ」レシピ　もしもごはん2』『レトルトの女王のアイデアレシピ　ラクラクごはん』(以上、清流出版)、『こどものための防災教室　身の守りかたがわかる本』(理論社)、『すぐウマごはん』(SBクリエイティブ)他多数。

公式ホームページ「(株)オフィスRM」
https://office-rm.com/

ブックデザイン　井上友里
撮影　田邊美樹
スタイリング　中村弘子
協力　千葉敦子・村田玲子

もしもごはん❸
災害時も、普段も、役立つ「お湯ポチャ」調理
# 免疫力アップレシピ

2021年7月15日　初版第1刷発行

著者　今泉マユ子

発行者　松原淑子
発行所　清流出版株式会社
〒101-0051
東京都千代田区神田神保町3-7-1
電話　03-3288-5405
http://www.seiryupub.co.jp/
印刷・製本　シナノ パブリッシング プレス

乱丁・落丁本はお取り替えします。
ISBN978-4-86029-508-0

## 清流出版の好評既刊本

体と心がよろこぶ
### 缶詰「健康」レシピ

今泉マユ子

定価＝本体 1400 円＋税

### 「もしも」に備える食
災害時でも、いつもの食事を

大好評 4刷!

石川伸一 ● 今泉マユ子

定価＝本体 1500 円＋税

### 「もしも」に役立つ!
おやこで防災力アップ

今泉マユ子

定価＝本体 1500 円＋税

かんたん時短、「即食」レシピ
### もしもごはん

大好評 4刷!

今泉マユ子

定価＝本体 1500 円＋税

もしもごはん2　災害時でもおいしく食べたい!
### 簡単「みそ汁」＆「スープ」レシピ

今泉マユ子

定価＝本体 1500 円＋税

レトルトの女王のアイデアレシピ
### ラクラクごはん

今泉マユ子

定価＝本体 1400 円＋税